보험회사를 이기는
싸움의 기술

보험회사를 이기는 싸움의 기술

1판 1쇄 인쇄 2012년 10월 25일
1판 1쇄 발행 2012년 11월 1일

지은이 조재빈
펴낸이 유현애
펴낸곳 예감
등록일 2009년 12월 31일
등록번호 306-2010-1

주소 서울시 중랑구 면목5동 194-33 효산빌딩 502호
전화 02) 492-4116
팩스 02) 432-4116

ISBN 978-89-963763-6-1 13320

보험회사를 이기는

싸움의 기술

조재빈 지음

예감출판

추천의 글

현대 사회에서 보험과 소비자는 떼려야 뗄 수 없는 관계임을 부인하기 어렵습니다. 하지만 소비자 입장에서 본다면 보험은 이해하기 어려운 상품 중의 하나임이 틀림없습니다. 깨알 같은 보험 약관 내용, 어려운 법률 용어와 의학 용어 등으로 인해 가입은 쉽지만 활용하기는 힘든 상품이 바로 보험이라 할 수 있을 것입니다.

정작 소비자를 힘들게 하는 점은 막상 사고가 났을 때 이런저런 이유로 보험금을 지급받지 못하는 경우일 것으로 생각됩니다. 보험금과 관련된 소비자 불만이 한국소비자원에 꾸준히 접수되는 현실을 보면 보험금을 지급받기가 쉽지 않다는 말이 빈말로 들리지는 않습니다.

이 책은 저자가 십여 년간 한국소비자원에서 경험한 보험 관련 실제 피해 사례와 주요 판례를 담고 있어, 보험 상품에 대한 이해와 보험금 지급 분쟁에 관심 있는 소비자에게 유익하게 활용될 것으로 기대됩니다.

이 책이 정당한 권리를 찾기 어려웠던 보험 소비자에게 유용하게 활용될 수 있기를 바라며, 어려운 여건 속에서도 묵묵히 소비자의 권익 증진을 위해 노력하는 한국소비자원 임직원과 함께 이 책의 출간을 환영합니다.

2012년 10월 20일
한국소비자원 원장 정대표

머리말

아이와 함께 본 〈인크레더블〉은 참 잘 만들어진 픽사의 애니메이션 영화다. 거기에서 영웅인 '미스터 인크레더블'은 자살하는 사람을 구하고 소송을 당한다. 그리고는 평범한 사람인 '밥'이 되어 보험회사인 '인슈어케어'에서 무료한 생활을 하는데, 필자에게 가장 인상 깊었던 장면 중의 하나다.

남을 도와주는 '영웅'이 보험금 청구를 이리저리 피하고 거절하는 직업을 가지게 되었으니 얼마나 속이 터졌을까? 하지만 영웅 '미스터 인크레더블'은 평범한 직장인 '밥'으로 살기를 거부한다. 대신 소비자에게 면책 약관을 피해서 보험금을 지급받을 방법을 알려주다가 쫓겨난다. 이게 바로 이 책 『싸움의 기술』을 쓰게 된 이유 중의 하나이다.

보험에 대해 소비자가 많이 알면 알수록 보험금을 지급받을 수 있는 확률은 높아진다. 최근 판례를 보면 첨예한 분쟁에서 약관을 보험회사에 불리하게 해석한 경우도 많기 때문에 잘 따져봐야 한다.

약관상 보험금 지급을 거절하는 사유에 해당한다 하더라도 정말로 면책에 해당되는지 확인할 필요가 있는 것이다. 특히 보험금을 청구할 수 있는 기간은 일반적인 손해배상 청구권이 상사채권의 청구 기간보다 짧은 2년에 불과하다. 이 때문에 소비자가 모르고 2년이 지나면 받을 수 있는 보험금도 못 받는 경우가 발생한다.

다행히 필자는 소비자에게 보험금을 받을 수 있는 방법을 알려준다

해도 쫓겨나지 않고, 오히려 잘했다고 칭찬을 받는 좋은 직장을 가지고 있어 이 책을 쓸 수 있었다.

이 책이 보험과 관련한 모든 분쟁 사례를 담을 수는 없지만, 가장 빈번하게 일어나는 주요한 분쟁 사례와 최신 판례를 중심으로 기술하고자 노력했다. 또한 실제 한국소비자원에 접수된 피해 구제 사례가 어떻게 처리됐는지도 상세히 기술하여 소비자에게 실질적인 도움이 될 수 있도록 노력했다. 하지만 다른 사람이 읽어도 부끄럽지 않은 책을 쓰는 게 얼마나 힘든 일인지 이번에도 감당할 수 없을 정도로 충분히 느끼고 있다.

갑작스럽게 호주로 파견 가면서 제대로 원고를 정리하지 못했음에도 끝까지 책이 출판될 수 있도록 애써주시고 옆에서 도와주신 예감출판사 김한섭 부장님께 다시 한 번 깊은 감사를 드린다. 아울러 나의 사랑하는 가족에게 말로 다할 수 없는 고마움을 이 글로서 표현하고자 한다.
"사랑합니다."

시드니 달링하버에서
조재빈

차례

1부 보험 가입의 거짓과 진실

2부 싸움의 기술 내 보험금 끝까지 받아내는 법

3부 사례 분석 지피지기면 백전백승

보험 가입의 거짓과 진실

●우리는 광고를 통해, 보험설계사를 통해 보험회사를 만난다. 그래서인지 보험회사에 대한 환상을 가진 사람들이 있다. 그러나 현실은 그렇지 않다. 막상 보험에 가입하고 나면 태도를 바꾸거나 보험금을 안 주려고 온갖 부당한 행위를 서슴지 않는 것이 보험회사다. 보험은 계약이다. 상대방에 대해 바로 알아야 제대로 된 보험 상품에 가입할 수 있다. 1부에서는 겉 다르고 속 다른 보험회사의 속성, 보험 가입 시 짚어보아야 할 것들, 꼭 알아야 할 보험 상품에 대한 상식을 정리하였다●

보험회사를 믿지 마라

—보험 상품 가입 시 유의 사항

보험설계사도 소비자다

보험회사는 유독 안 된다는 말을 많이 한다. 보험금을 지급받아야 할 때, 혹은 청약 철회와 같은 법률상 보장된 권리를 행사하려 할 때 특히 그렇다. 이런저런 이유로, 때로는 막무가내로 해줄 수 없다고 한다. 이는 자사 직원에 대해서도 예외가 아니다.

실제로 한국소비자원에 접수된 피해 구제 사례를 보면 이러한 사실을 잘 알 수 있다. A씨는 H화재보험사에 수년간 근무했던 보험설계사다. 그녀는 유방암으로 요양 병원에서 대체 요법으로 치료를 받고 있었다. 그녀는 자신이 근무할 때 들어놓은 보험을 떠올렸으나 치료 방식이 약관에 명시된 것이 아니었기에 망설이고 있었다.

그러다가 말기 암 환자는 대체 요법이라 하더라도 치료비 청구가 가능하다는 얘기를 듣게 되고, 보험사를 상태로 보험금을 청구했다. 그런데 회사의 반응은 뜻밖이었다. 일반 소비자와 달리 보험설계사는 이를 악용할 소지가 있다며 지급을 거부한 것이다. 회사는 오히려 법원에 민사조정을 신청하기까지 했다.

또 하나의 사례가 있다. 보험회사 텔레마케터로 근무하면서 자사 상품에 가입했는데 회사를 그만두면서 청약을 철회한 경우다. 회사는 근무 때 작성한 문서를 근거로 이를 들어주지 않는다. 이유는 그가 재직 당시 직장을 그만두더라도 가입한 보험을 철회하지 않겠다는 약속을 했다는 것이다. 이런 사례들은 명백한 차별이다.

일반 소비자였다면 당연히 지급받았어야 할 보험금을 설계사였다는 이유로 지급하지 않고, 부당한 조건으로 가입자의 권리를 침해한 것이다. 법률상 보험설계사라 하더라도 명백한 사기 계약이거나 허위 계약이 아니라면 일반 보험 계약자와 차별할 수 없다. 더군다나 법률이 보장하는 청약 철회조차 거절하는 것은 부당하다.

물론 보험사의 지적처럼 보험설계사가 보험 지식을 악용하여 계약을 체결하고 보험금을 편취하거나 모집 수당을 더 받으려 자기 계약을 체결할 수 있다. 하지만 가입할 때는 아무런 제약도 두지 않다가 가입 후 보험금 청구나 청약 철회할 때 차별하는 것이 정당할까? H화재에 근무했던 보험설계사는 그동안 소속된 보험회사를 위해 열심히 일했던 사람이고 암에 걸려 투병 중인 환자인데 이런 '자기 식구'를 더 다독이고 감싸지는 못할망정 소송까지 제기하는 것이 타당할까?

솔직히 고백하자면, 필자는 그 보험설계사에게 언론에 알려서라도 억울함을 호소하자고 권유했다. 하지만 자기가 몸담았던 회사에 누를 끼치기 싫다며 끝까지 거절했다. H화재는 그런 사실을 알까?

해지한 뒤 후회했던 보험, 되살릴 수 있다

보험설계사가 더 좋은 보험이 나왔다며 기존에 가입한 보험의 해약을 권유하는 경우가 많다. 한국소비자원에는 이런 식으로 새로 보험에 가입했다가 막상 일이 생겼을 때 보험금도 제대로 타지 못했다는 피해 구제가 접수된다. 보험 지식이 많지 않은 소비자로서는 보험설계사의 달콤한 말에 현혹되기 쉬운데, 대부분은 독(毒)이 된다.

보험 계약 전환은 기존 보험 계약을 해약하고 그 해약 환급금으로 새로운 보험 계약을 체결하는 것이다. 이 경우 보험 계약 체결 이후 경과된 기간에 해당하는 보험료가 소멸되어 해약 환급금이 그동안 납입한 보험료보다 적을 수 있다. 또한 보험 나이 변동 등으로 새로 체결하는 보험 계약의 보험료가 인상되는 등의 손해를 볼 수도 있다.

실손의료보험만 해도 2009년 8월 전 가입자는 100%를 보장받지만 이후 가입자는 90%만 보장받고, 뇌경색의 경우도 2005년 이전에는 보장받지만 2005년 이후 가입한 경우는 뇌출혈만 보장된다. 새로운 보험이 보장 범위가 더 작아진 경우다.

이럴 때 후회가 막심한 건 인지상정이다. 타임머신이 있다면 그 당시로 돌아가 보험설계사가 아무리 꾀어도 새로운 보험에 가입하지 않을 텐데 하는 생각이 들기도 한다. 그러나 그건 망상이 아니다. 현실에서도 가능하다. 놀라지 마시라! 공상과학 영화에나 나올 법한 '타임머신'이 보험의 세계에서는 실제로 존재한다. 단, 새로 계약을 체결한 지 6개월 이내에만 해당한다.

보험업법 제97조 보험설계사의 금지 행위에는 "새로운 보험 계약을 청약시키기 위해 기존 보험 계약을 부당하게 소멸시키거나 이를 권유하는 행위"가 포함된다. 여기에 해당한다면 곧장 타임머신을 탈 준비를 하자. 부당하게 계약을 소멸시키고 새로운 보험 계약을 체결했다면 기존 보험 계약이 소멸한 날로부터 6월 이내에 소멸된 보험 계약을 부활하고 새로운 보험 계약은 취소할 수 있다. 아래와 같이 부당하게 계약이 소멸된 소비자라면 기존 계약 소멸 후 6월 이내에는 과거로 가 원상회복시킬 수 있다는 점을 명심하자.

✎ 부당한 계약 소멸 요건

•기존 보험 계약 소멸된 날부터 3개월 이내 새로운 보험 계약 청약

•새로운 보험 계약 청약 후 3개월 이내 기존 보험 계약 소멸

•기존 보험 계약과 새로운 보험 계약의 보험료, 보험 기간, 보험 가입금 액 및 주요 보장 내용 등 중요한 사항을 비교해서 알리지 않은 행위

손해보험회사는 왜 자꾸 소비자를 상대로 소송을 제기할까?

보험 소비자들이 보험회사와 분쟁이 생기면 금융감독원이나 한국소비자원에 민원을 제기하여 도움을 받는 경우가 많다. 그런데 손해보험회사들은 보험 피해자가 금융감독원이나 한국소비자원에 피해 구제 신청을 제기하기 직전에 민사조정• 등을 신청하여 이런 민원을 원천적으로

• 민사조정이란 법원의 판결을 받는 소송과 다르게 조정 법관이나 조정 위원의 권유에 의해 양 당사자가 합의하는 일종의 분쟁 해결 제도인데, 소송과 동일하게 법원에서 운영하는 제도이다.

차단하는 사례가 다수 있다.

이처럼 손해보험회사들이 법원에 민사조정이나 소송을 제기하는 이유는, 소송이 제기된 사건은 피해자가 금융감독원이나 한국소비자원 등에 피해 구제 신청을 할 수 없고 처리 중인 사건도 중지되기 때문이다. 여기에 피해자를 소송 비용 등 경제적으로 압박할 수 있다는 점도 소송을 남발하는 이유로 판단된다.

한국소비자원이 홈페이지에 실린 내용을 살펴보면 다음과 같다.•
'손해보험회사, 민원 막으려 소송 남발'이라는 제목으로 게시된 이 글에 의하면 생명보험회사의 경우 민사조정이나 채무 부존재 소송을 제기한 사례가 1건도 없는 반면, 손해보험회사들은 보험 피해자가 민원을 제기 하려는 움직임이 보이면 신속하게 민사조정 또는 채무 부존재 소송을 제기했다.

2010년 1월 1일~2011년 3월 31일까지 한국소비자원에서 피해 구제를 처리하는 과정에서 손해보험회사들이 민사조정 또는 소송을 제기하여 처리 중지된 건은 모두 27건인데, 이 중 59.3%(16건)는 접수 전 15일 이내, 29.6%(8건)는 처리 진행 중 민사조정 또는 소송을 제기했다.

특히, H화재보험의 경우 통상 다른 손해보험회사들이 피해 구제 처리 진행 중에는 가급적 소송이나 민사조정을 제기하지 않는 것에 비해, 민사조정 신청한 3건 모두 처리 진행 중에 제기해서 보험 피해자가 한국 소비자원의 조력을 받은 권리를 심각하게 침해하고 있었다.

• 한국소비자원 홈페이지 '피해 예방 주의보' '손해보험회사, 민원 막으려 소송 남발' 발췌, 2011.4.22

이처럼 손해보험회사들이 금융감독원이나 한국소비자원에 재판상 화해의 효력이 있는 분쟁조정위원회가 설치되어 있음에도 굳이 법원에 다시 민사조정을 신청하는 이유는, 민원이 많이 발생할 경우 민원 평가에서 낮은 점수를 받는다는 점과 분쟁조정위원회의 조정이 언론에 발표될 경우 다수의 소비자에게 영향을 미치고 결정된 조정안도 거부하기 쉽지 않기 때문인 것으로 여겨진다. 반면, 피해 구제 처리 도중 보험회사로부터 소송이나 민사조정을 제기당한 보험 피해자들은 대부분 보험 전문가나 법률 전문가의 도움 없이 혼자서 분쟁을 해결해야 하는 경우가 많다.

결국 법률적·경제적으로 약자인 소비자는 심리적 압박과 함께 소송비용 등 경제적 압박으로 보험회사와 합의를 하는 경우도 많다. 더구나 민사조정에서 원하는 결과가 나오지 않으면 보험회사는 손쉽게 1심, 2심 등 본안 소송으로 가는 경우도 많아 소송이 오히려 피해자를 압박하는 수단이 되고 있다.

일부 국가에서는 분쟁 조정 중 소 제기를 금지하고 있는데 호주는 피해자 보호를 위해 금융 분쟁이 신청된 이후 금융 회사의 소송 제기를 금지하고 있고, 일본은 조정 개시 후 보험회사가 소송을 제기하려고 하는 경우에는 심사회의 인정을 받아야만 가능하도록 규정하고 있다.●

우리나라도 보험회사가 막무가내로 소송이나 민사조정을 신청하지 못하도록 조정위원회의 실효성 강화 및 효율적인 분쟁 조정을 위해 제도를 보완할 필요가 있다.

● 이종호·김지은, "주요국의 보험분쟁제도 비교 및 시사점", 금융감독원 「조사연구 Review」 제33호(2011.3).

보험회사와 합의 시 주의사항

교통사고로 입은 피해를 보험으로 보상받을 때 주의해야 할 점이 있다. 이 경우 보험회사가 가해자의 위임을 받아 피해자의 치료 및 합의 절충까지 모든 것을 대행하기 때문이다. 보험회사와의 합의는 대부분 부제소 합의여서 한 번 합의하면 나중에 번복하기가 어렵다. 합의의 유형에 따라 주의할 점에 대하여 알아보자.

첫째, 조기 합의의 경우다.

조기 합의란 보험회사가 피해자의 치료가 장기화되는 것을 염려하여 치료 중에 향후 치료비를 지급할 것을 조건으로 하여 합의하는 것을 말한다. 이때 통상 향후 치료비는 의사의 소견에 따라 나중에 치료받을 금액을 산정하여 지급한다. 실무적으로 2~3주 정도의 경미한 진단일 경우에는 보험회사가 임의적으로 진단 기간에서 치료 기간을 제한 잔여 기간에 대해 1일 입원 치료비 정도를 지급하고 합의한다. 조기 합의를 하면 나중에 후유증이 발생할 경우 추가적인 보상을 받지 못하기 때문에 어려움을 겪을 수 있다.

둘째, 부제소 합의 시에도 신중해야 한다.

부제소의 합의란 이후 어떠한 경우라도 민·형사상 이의를 제기하지 않겠다는 내용을 담은 합의를 말한다. 보험회사와 이런 내용을 담은 합의서에 서명을 하게 되면 나중에 후유증이 생겨도 보상을 받을 수 없다. 합의 내용 자체가 이후로는 일체의 이의를 제기하지 않겠다는 것이기 때문이다. 그러므로 사고로 인한 후유증이 염려된다면 합의 후라도 추가적인 보상을 요구할 수 있다는 단서 조항을 다는 것이 바람직하다. 예컨대 "단, 향후 후유 장애가 발생하면 보험회사가 이에 대해서 추가적으로 보상을 한다"는 식이다. 다음 사례는 부제소 합의의 위험성을 잘 보여준다.

피해자 A씨는 교통사고로 2개월간 병원에서 치료를 받았다. 이후 가해자의 보험회사 측과 치료비를 받고 합의했지만 지속적인 통증에 시달렸다. 뒤늦게 후유 장애의 심각성을 깨달은 A씨는 장애 진단을 받고 보험회사 측에 장애 보험금 지급을 요구했으나 거절당했다. 이유는 부제소 합의 때문이었다. 보험회사 측에서, 합의 당시 청구인이 장애 발생에 대하여 충분히 인지하고 있던 상태에서 권리 포기 각서를 포함한 부제소의 합의를 하였으므로 이후로 발생한 장애에 대해 보험금을 지급할 수 없다고 주장한 것이다. A씨는 소송을 제기했으나 결국 법원은 위 합의의 효력을 인정하여 보험회사의 손을 들어주었고 피해자는 보험금 지급을 받을 수 없었다.

예외적으로, 보험사와 부제소 합의를 했어도 보상을 받을 수 있는 경우가 있다. ① 합의 당시 예상치 못한 장애가 발생하거나 ② 합의 후 발생한 손해가 중대한 경우 ③ 착오로 인한 합의의 경우 ④ 기타 궁핍한 상황이나 경솔, 무경험에 의한 합의 시에는 합의의 효력이 제한된다. 하지만 이는 극히 예외적인 경우다. 이를 이유로 합의의 효력을 부정하기란 상당히 어려우므로 부제소 합의 시는 늘 신중해야 한다.

셋째, 후유 장애 평가는 제대로 받아야 한다.

치료 후에 통증이 잔존하거나 운동에 불편이 있다면 반드시 치료 기간 동안 후유 장애가 예상되는지 여부를 주치의에게 확인하여야 하며,

후유 장애가 예상되면 공신력 있는 의료 기관에서 감정을 받도록 한다. 공신력 있는 의료 기관이란 최소 종합 병원급 이상의 병원을 말하며 이들 의료 기관이 아닌 일반 개인 의원에서 장애 감정을 받을 경우 보험 회사에서 이를 인정하지 않을 가능성이 높아 향후 분쟁이 발생할 수 있다.

넷째, 나중에 수술이 반드시 필요하면 향후 치료비 합의는 유보한다.

골절된 부위의 치료를 위하여 금속 삽입술을 시행해야 한다거나 성형 수술이 반드시 필요한 미혼 여성의 경우 등, 나중에라도 반드시 수술을 시행하여야 한다고 판단되면 이 수술 비용은 제외한 '일부 합의'를 하는 것이 좋다. 일부 합의가 아닌 향후 수술 비용을 포함한 전부 합의를 한 경우 합의 후 발생하는 후유증에 대하여는 보상받기가 상당히 어렵기 때문이다. 물론 유아의 성형 수술처럼 몇 훗날 수술을 해야 하는 경우라면 미리 치료비를 받는 전부 합의가 소비자에게 유리하다.

다섯째, 형사 합의 시 합의 사항을 꼼꼼히 살펴야 한다.

종합보험에 가입하였다 하더라도 10대 중과실 사고나 사망 사고 등이 발생한 경우는 형사 합의가 필요하다. 이때 단순히 가해자의 처벌을 감경하기 위해 작성한 형사 합의서가 민사적인 합의서로 간주되어 보험금을 지급받지 못하는 경우가 있다.

일반적으로 형사 합의는 민사상 합의와 다른 것으로 알고 있으나, 법원에서는 형사 합의금의 성격을 민법상 손해 배상금으로 해석하고 있다. 따라서 소송에서는 피해자가 받을 손해 배상금에서 형사 합의금으로 받은 돈은 전액 혹은 일부를 공제한다. 그러므로 형사 합의서 작성

시 반드시 손해 배상금과는 관련 없는 민법상의 위자료로 수령한다는 내용을 밝히거나 채권 양도 각서 등을 작성할 필요가 있다.

보험회사들은 왜 자꾸 의료 자문을 받을까?

보험회사들은 고액의 보험금이 지급되는 장애 보험금을 지급하기 전 보험회사에서 지정한 의사에게 피해자의 장애 상태에 대하여 자문을 의뢰하여 그 결과에 따라 보험 소비자들에게 대응하고 있다.

이렇게 보험회사들이 장애 진단을 발급한 의사가 아닌 다른 의사들에게 별도로 자문을 구하는 이유는 현실적으로 장애 진단이 남발되고 있고, 소비자의 요구에 의해 영구장애로 평가된 장애 진단이 소송을 통해 한시장애로 평가되는 경우가 있는 등 동일 장애에 대하여 의사들마다 다른 견해가 나오는 경우가 많기 때문이다.

이때 보험회사들이 자문을 구하는 의사들의 소견이 옳다고 할 수 있을까 하는 의문이 든다. 왜냐하면 자문 의사들은 통상적으로 보험회사에서 월 단위 또는 건 단위로 자문 수수료를 지급받고 있기 때문이다. 게다가 자문 의사는 보험회사가 제출하는 CT 또는 MRI 필름 및 판독지, 차트 등의 서류만으로 평가한다. 피해자를 직접 보고 문진과 검사를 하지 않고서 과연 제대로 평가할 수 있을까.

보험회사들은 장애 보험금을 청구하거나 장애가 예상되는 보험 소비자들에 대하여 거의 모든 건을 별도의 의사 또는 대한손해보험협회에 자문을 의뢰한다. 그래서 보험 소비자들이 개별적으로 발급받은 장애 진단 결과와 보험회사의 자문 결과가 다르면 보험금 지급을 유보하거나 금액을 삭감하여 합의할 것을 종용한다. 보험금을 산정함에 있어 참고 자료로 활용되어야 할 자문 결과가 오히려 보험 소비자들에게 지급할 보험금을 삭감하는 근거 자료로 사용되고 있는 것이다.

특히 객관성과 공정성을 인정받고 있는 대학 병원 또는 종합 병원에서 보험 소비자들이 발급받은 장애 진단 결과조차 보험회사에서는 인정하지 않는 경우가 많다. 보험 소비자들이 보험회사의 자문 결과에 따르지 않을 경우 채무 부존재 확인의 소를 제기하거나 보험 소비자로 하여금 소송을 제기하도록 유도하는 등 우월적 지위를 남용하고 있어 분쟁이 많이 발생하고 있다.

그렇다면 보험회사들은 왜 자문료를 지급하면서까지 별도의 의사에게 자문을 구하고 있을까? 그건 바로 보험금을 적게 지급할 수 있는 근거를 만들 수 있기 때문이다.

보험 소비자들이 영구장애로 평가받은 장애 진단을 근거로 보험금을 청구하였을 때, 만일 보험회사 측이 구한 자문 결과가 한시장애라면, 또는 장애율을 단 몇 %만이라도 낮춘 결과가 나오면 보험회사로서는 그만큼 지급해야 할 보험금을 줄일 수 있는 것이다.

이런 식으로 보험회사들이 자기들의 자문 결과를 토대로 보험금을 삭감하여 지급한다고 할 경우, 보험 소비자는 법원에서 소송을 통해 최종적인 판단을 받아야 한다. 그런데 판결 금액의 20~30%에 달하는 소송 비용과 최소 6개월 이상 소요되는 소송 기간 등을 놓고 따져보면 실익이 없어 그냥 보험회사의 주장에 따라 합의를 하는 경우가 많다.

이러한 자문 결과로 인한 분쟁은 전문 의사의 의학적인 소견이 있어야만 판단할 수 있기 때문에 분쟁 조정 기관에서도 보험 소비자와 보험 회사 양측이 모두 결과를 인정할 수 있는 객관적이고 공정한 제3의 병원을 지정하여 그 병원에서 보험 소비자의 신체 감정을 하고 그 결과에 양측이 모두 따르도록 분쟁을 처리하는 방법 외에는 달리 뾰족한 방법이 없다.

그러므로 법원의 신체 감정처럼 객관성과 공정성을 확보할 수 있도록 보험회사와 보험 소비자 양측이 모두 신뢰할 수 있는 병원을 선정하고 장애 감정 의사에게 양측이 모두 충분한 자료를 제출하여 장애 평가를 받는 것이 분쟁을 최소한으로 줄일 수 있는 가장 합리적인 방법이라 할 것이다.

또한 보험 소비자들도 장애 진단을 발급받기 전 보험회사 측과 충분히 협의하고 장애 진단을 받은 후 발생할 수 있는 분쟁을 미연에 방지해야 하며, 보험회사 측이 객관적이고 합리적인 근거 없이 자문 결과만을 토대로 일방적으로 보험금의 삭감을 주장할 경우 즉시 이의를 제기하고, 필요하다면 한국소비자원과 같은 분쟁 조정 기관의 도움을 받는 적극성을 가져야 할 것이다.

보험회사에 꼬투리 잡히지 않기

—계약서 작성 · 고지 의무

자필 서명을 안 하면 보험금 못 받는다

보험은 계약으로 시작해서 계약으로 끝난다. 가입은 쉬워도 나중에 보험금 타기는 어렵다는 이야기는 바로 이러한 사실에서 비롯한다. 계약서를 꼼꼼히 들여다보고 설계사가 말해준 내용과 일치하는지 따져보자. 번거롭더라도 처음에 계약 내용을 확인해야 나중에 후환이 없다. 예컨대 보통 보험에 가입할 때 부모님, 배우자, 자녀 등의 명의로 가입하는 경우가 많은데, 이때 자필로 서명하지 않았다면 정작 사고가 나도 보험회사가 보험금 지급을 거절하거나 삭감할 수 있다.

대법원은 지난 1989년부터 상법 제731조에 따라 가입 당시 피보험자의 서면 동의(자필 서명)가 없는 계약은 동 상법 조항에 따라 무효라고 판결한 바 있다. 하지만 보험설계사 연고 판매가 많은 보험업계 관행상 대규모 계약 무효 사태를 우려한 보험회사들이 상법 및 대법원 판례에도 불구하고 1996년에는 생명보험회사 사장단 결의로, 2010년에는 '자필 확인서'나 '보험 보장 확인서' 등을 발급하여, 악의적인 경우를 제외하고 보험금을 전액 지급한다고 소비자를 안심시킨 바 있다.

그러나 한국소비자원이 국내 36개 보험회사에 대해 '피보험자 서면 미동의 계약의 보험금 지급 실태'를 조사한 결과, 보험사기, 역선택 등 도덕적 위험이 있는 계약은 모든 보험회사가 아예 지급하지 않았고, 일부 보험회사는 도덕적 위험이 없더라도 계약자 과실을 적용하여 20~50%까지 보험금을 삭감한 것으로 나타났다.

국내 36개 보험회사 모두 보험사기 등 악의적 계약은 무효로 보고 있으며, 한 회사는 악의적인 계약이 아니더라도 계약자 과실 여부와 상관없이 모두 감액하여 지급하고, 세 군데 회사는 체결 과정에서 계약자 과실이 있으면 아래와 같이 사안 별로 삭감한다고 답변하였다.

첫째, 아내가 계약자이고 남편이 피보험자인 계약에서 남편 부재로 인해 계약자인 아내에게 남편의 자필 서명을 받아야 한다고 안내했음에도 아내가 대필 후 숨기고 계약을 체결한 경우에 20~30% 보험금 감액.

둘째, 보험설계사가 계약자이고 배우자 또는 가족 관계에 있는 사람을 피보험자로 한 계약에서 보험설계사의 고의가 있을 시 전부 지급하지 않고, 과실이 있을 시 30~50% 감액.

셋째, 법원 판례 및 하급심 판례에 따라 계약자 과실이 있을 시 0~20% 감액.

넷째, 선의의 계약이라 하더라도 40% 범위 내에서 감액 지급.

다섯째, 보험설계사 관련 미동의 계약, 가족, 지인이 아닌 제3자 계약, 자필 행위 능력 없는 자 감액.

[표1] 피보험자 서면 동의 없는 보험 계약 보험금 지급 현황•

구분	손해보험	생명보험
전액 지급 (도덕적 위험 계약 제외)	현대해상, 메리츠화재, 한화손해, 그린손해, LIG손해, 악사손해보험, 더케이손해, AHA손해, 롯데손해	대한생명, 알리안츠생명, 삼성생명, 교보생명, 미래에셋생명, 동부생명, 동양생명, 신한생명, 푸르덴셜생명, 뉴욕생명, ING생명, 라이나생명, 녹십자생명, AIA생명, 메트라이프생명, 흥국생명, PCA생명, 우리아비바생명, KB생명
계약자 과실로 보험금 삭감	삼성화재, 동부화재, 흥국화재	KDB생명
처리 사례 없음	에르고다음다이렉트, ACE화재	하나HSBC생명, 카디프생명
계	14개	22개

판례를 보면 보험설계사가 배우자 동의 없이 계약을 체결해서 나중에 승인한 경우도 무효로, 보험금 지급할 수 없다고 한 판결(대법원 2009다74007)이 있다. 보험설계사가 피보험자 서면 동의를 설명하지 않았다고 하더라도 보험 계약자도 과실이 있는 만큼 보험금 전부가 아닌 40%를 삭감해야 한다고 한 판결(대법원 2007다30263)도 있다. 반면 피보험자가 한글을 몰라 보험 계약자가 대신 서명한 경우에는 유효한 것으로 본 판결(대법원 2006다69141)도 있다.

결국 자필 서명이 없는 계약은 원칙적으로 무효라는 얘기다. 보험회사가 신의성실 의무, 민원 예방 등을 이유로 보험금을 지급하기도 하지

• 보험사기, 역선택 등 악의적 계약은 응답한 모든 보험회사 부지급 처리.

만 이는 어디까지나 보험회사의 '선의'에 의한 것이지 반드시 그래야만 하는 것은 아니다. 경우에 따라서는 보험금 삭감이나 지급 거절을 하는 경우도 있으므로 분쟁을 방지하기 위해서는 가입할 때 꼼꼼히 살펴보고 모두 자필로 서명해야 한다.

아울러 현재 가입 중인 보험에서 보험 사고가 발생하지 않은 상태에서 다른 보험에 가입했다면, 기존 계약은 무효화하여 그동안 납입한 보험료 전액을 환급받는 게 유리할 수도 있다. 단, 보험 사고 발생 위험이 높거나 다른 보험에 가입하기 어려운 경우라면 '보험 보장 확인서'를 받아 계약을 유지하는 것이 유리할 수 있다.

한편, 가입 전 피보험자의 자필 서명이 없는 계약은 법원에서 무효로 보지만 보험설계사의 설명 의무 위반 등 과실이 있으면 보험금에 준하는 손해 배상을 받을 수 있다. 하지만 계약자의 과실에 따라 감액될 수 있고, 보험설계사 잘못이라는 증거 자료가 부족하면 손해 배상을 받기 어려울 수도 있다. 그러므로 소송보다는 우선하여 보험 관련 피해를 구제해주는 한국소비자원과 같은 기관을 적극 활용할 필요가 있다.

서면 동의 없는 해외 여행자보험은 무효

패키지여행에서 해외 여행자보험은 보통, 여행사가 보험 계약자가 되고 여행객을 피보험자로 하여 여행 출발 전 일괄적으로 가입하는 형태이다. 그래서 보험회사는 해외 여행자보험이 단체 보험 성격을 가지고 있으므로 약관의 중요한 내용에 대해 보험 계약자인 여행사에만 설명하면 되고 피보험자인 여행객에게는 설명할 필요가 없다고 주장한다. 한국소비자원에도 최근 3년간 여행자보험 관련한 분쟁이 65건 접수됐는데, 제대로 보험 약관을 설명하지 않은 경우가 대부분이다. 그렇지만 해외 여행자보험은 일반적인 단체 보험과는 성격이 다르다 할 것이다.

단체 보험이라 하는 것은 여러 사람으로 이루어진 집단을 대상으로 하여 그 구성원들을 피보험자로 하되, 원칙적으로 개개인에 대한 진단 없이 일괄하여 계약을 체결하고, 보험 증권도 1매만 발행하는 보험을 가리킨다. 이러한 단체 보험은, 일반적으로 단체 구성원들의 복리 후생을 위하여 가입되는 것으로, 단체를 선택의 단위로 하기 때문에 보험회사로서는 선택 또는 보험료 수금의 절차를 단순화하는 것이 가능하여 영업 비용이 절감된다. 따라서 그 효과가 보험료에 반영되어 보험료가 개별 보험보다 저렴하며, 기업체에서 단체 보험을 드는 경우에는 세제상의 혜택도 부여되는 장점을 가지는 것이다.

상법 제735조의 3은 단체가 규약에 따라 구성원의 전부 또는 일부를 피보험자로 하는 생명보험 계약을 체결하는 경우에는 제731조에서 정한 구성원들의 서면 동의 요건이 적용되지 않는 것으로 보고 있다.

대신 해외 여행자보험이 단체 보험으로서 구성원의 서면 동의 절차를 면제받으려면 '규약'이 존재해야 한다. 이 '규약'의 의미는 단체 협약, 취업 규칙, 정관 등 그 형식을 막론하고 단체 보험의 가입에 관한 단체 내부의 협정에 해당하는 것이 있어야 한다.

해외여행 보험 단체 보험 특별 약관에도 단체의 정의를 "단체의 소속원이 단체로부터 급여를 지급받는 관공서, 기업체, 공장, 법인 또는 조합"과 "단체 운영에 관한 주요 사항이 규칙 또는 정관 등에 의하여 확정되어 있는 단체"를 칭하며, "단순히 보험 가입을 목적으로 조직된 단체"는 포함되지 않는 것으로 보고 있다.

또한 해외여행 보험 포괄계약 특별 약관에는 "관광진흥법에 따라 등록된 일반여행업자 및 국외여행업자"는 포괄 계약을 맺을 수 있는데, 이때 적용되는 특칙은 "청약 철회 시 3일 내 환급한다는 조항"과 "증권을 보험 계약자에게만 교부"한다는 내용이 있을 뿐 그 외는 보통 약관을 따르도록 규정하고 있다.

'규약'이 없는 단체 보험은 강행 법규인 상법 제731조가 정하는 대로 서면에 의한 동의만 허용될 뿐 묵시적, 추정적 동의는 허용되지 않는다. 타인의 사망을 보험 사고로 하는 보험 계약에 있어서 피보험자가 서면으로 동의의 의사 표시를 하거나 그에 갈음하는 규약의 작성에 동의하여야 하는 시점은 상법 제731조의 규정에 비추어 보험 계약 체결 시까지이므로 동 기간까지 피보험자의 동의가 없다면 해당 계약은 '무효 보험'에 해당된다.

여행사가 가입해주는 해외 여행자보험은 약관상 단체 계약이 아닌 '규약'이 없는 포괄 계약이고, 보험 계약자인 여행사와 피보험자인 여행객에 대해 사망 시 보험금을 지급하는 약정을 체결하고 있으므로 타인의 사망을 담보로 한 계약에 해당된다. 그러므로 보험 계약 체결 시까지 피보험자인 여행객이 서면에 의해 동의를 해야만 보험 계약이 유효한데 실제로는 이러한 절차가 지켜지지 않고 출국 전 서명하거나 아예 서명 절차도 지키지 않고 있다.

아울러 금융감독원은 2012년 8월 1일부터 여행 보험처럼 불특정 다수의 소비자가 가입하는 보험(휴대전화 보험, 무료 보험 등)에 대해 보험 계약자(회사)뿐만 아니라 피보험자(소비자)에게도 우편, 전자우편, 문자 메시지로 보상 내용, 보상 기간, 보험금 청구 회사, 보험료 등의 정보를 제공하도록 행정 지도하겠다고 한 바 있다. 여행자보험에 대해서도 보험회사의 설명 의무가 적용되는 것이다.

또한 여행사들은 여행지에서 발생한 사고에 대해 여행자보험으로 우선 처리한 뒤 나머지 금액을 지급하거나 아예 여행자보험으로만 처리된다고 설명하는 경우가 많다. 그러나 해외 여행자보험은 상해보험 성격의 보험으로 여행사의 고의 과실에 의한 손해 배상 책임과 별개로 보험금을 지급받을 수 있다. 따라서 여행사에서 해외 여행자보험으로만 처리한다고 하거나 해외 여행자보험으로 선처리 후 초과된 금액만 배상하겠다는 것 모두 문제가 발생한다.

해외 여행자보험은 '규약' 없이 체결되는 단체 보험이므로 피보험자의 서면 동의가 필요하며 금융감독원의 행정 지도만 보더라도 약관의 중요한 내용에 대해서 보험회사는 설명할 의무가 발생한다.

만약 현재까지의 관행처럼 보험 계약 체결 전 피보험자의 서면 동의를 얻지 않는다면 동 보험은 모두 무효에 해당될 수 있으며, 그럴 경우 보험회사는 보험료 청구권 이내 계약에 대해 보험료 전부를 환급해야 한다.

보험 상품 바로 알기

―보험 일반

교통사고로 72시간 후에 사망하면 사망 사고가 아니다?

A(남, 40대)는 비 오던 밤 야간 국도를 운전하던 중 무단횡단하던 피해자 B를 충격하여 B가 중상해를 입는 사고를 냈다. 사고 후 5일 뒤 B는 사망하였고 A는 그 사실을 알고 충격에 빠졌다. 그런데 A는 나중에 경찰에서는 사망에 따른 벌점이 아닌 부상에 따른 벌점을 부과했다는 사실을 알게 되었다. 그렇다면 A가 일으킨 것은 사망 사고가 아니란 말인가? A는 갑자기 혼란스러워졌다. 어떻게 된 걸까?

우리나라에서는 민사상 교통사고로 인한 사망 사고 발생 시 귀책을 가르는 기준 시간이 별도로 규정되어 있지 않다. 인과관계가 있다면 예외 없이 교통사고로 인한 사망으로 간주하는 것이다.

그렇다면 경찰이 부과한 부상 사고 벌점은 무슨 뜻일까? 그건 우리나라 도로교통법 시행규칙에 따른 벌점 부과 기준 때문이다. 도로교통법 제91조 제①항에 따른 별표 28에서는 자동차 사고로 인한 벌점 부과 기준을 두고 있는데, 이때 72시간 이내에 피해자가 사망하면 가해 차량 운전자에게 벌점을 90점 주고, 72시간 이후에 사망하면 중상에 해당하는 벌점 15점을 준다.

위의 사건의 경우 B가 사고가 발생한 지 72시간 후에 사망하였기 때문에 15점의 벌점이 부과된 것이다. 따라서 행정 처분 차원에서 보면 72시간이 큰 의미가 있지만 형사적인 처벌에는 72시간을 넘어서 사망하더라도 큰 의미는 없다. 참고로 도로교통법 시행규칙에 따라 경찰은 부상, 경상, 중상, 사망으로 구분하는데, 부상은 5일 미만 치료를 받은 경우이고, 경상은 5일 이상 3주 미만, 중상은 3주 이상 구분하고 있다. 이 역시 민사적인 손해 배상에서 사용하는 개념과 동일하지 않다. 많은 사람들이 착각하는 사례다.

자동차보험 약관의 지급 기준과 소송 시 판결 기준의 차이

교통사고로 인한 합의금을 수령하는 방법은 크게 두 가지로 나뉜다. 보험회사와 자동차보험 약관상 지급 기준에 의한 합의를 하거나 소송을 통해 법원의 판결을 받아 손해 배상금을 수령하는 경우이다. 그러나 자동차보험의 지급 기준과 소송 시 판결 기준이 다르기 때문에, 영구적인 후유 장애가 남거나 사망 사고 등 손해가 큰 사고의 경우에는 합의를 하지 않고 소송을 했을 때 보상금을 더 많이 받는 것이 일반적이다. 이런 피해를 당한 소비자라면 어떤 합의가 더 유리한지 꼼꼼히 살펴볼 필요가 있다. 그렇다면 합의와 소송에서 오는 액수 차이는 무엇 때문일까?

첫째가 적용 계수의 차이이다.

우리나라에서는 현재 일실수입을 산정하는 데 두 가지 계수를 사용하고 있는데, 자동차보험 약관에서는 라이프니츠 계수를 사용하고 있으며, 소송의 경우에는 호프만 계수를 사용하고 있다. 선이자를 공제하는데 복리로 하는 게 라이프니츠 계수이고, 단리로 하는 게 호프만 계수이다. 나이가 적을수록 이자를 복리로 공제하는 라이프니츠 계수가 불리하므로 이때는 소송이 유리하다 할 것이다.

두 번째가 환자의 개호(介護)비 차이이다.

부상의 정도가 상당한 피해자가 병원에서 치료하게 되면 일상생활이 불가능하다. 이때 간병인을 고용하여 피해자를 돌보는 경우 발생한 비용을 '개호비'라고 한다. 자동차보험 약관에는 사지마비 환자 등 장애율 100%에 해당하는 피해자가 퇴원한 경우를 제외하고는 개호비를 인정하는 규정이 없어 보상을 받을 수 없다. 그러나 법원에서는 사지마비 환자가 아니더라도 심하게 일상생활이 제한된 피해자에 대하여는 개호비를 인정한 경우가 상당히 많은 편이다. 물론 단순한 간호나, 가족들의 호의적인 돌보기는 그 대상이 되지 않는다. 밥 먹기, 옷 입고 벗기, 배뇨·배변 등의 신변처리를 할 수 없을 정도로 중한 부상을 입은 경우에만 해당된다 할 것이다.

세 번째는 휴업 손해액의 차이이다.

보험 약관은 휴업 손해액의 80%만 보상한다고 되어 있으나, 소송에서는 휴업으로 인한 손해액의 100%를 인정받을 수 있다. 또한 자동차보험 약관은 세법상의 증빙 자료가 없는 대부분의 자영업자에 대하여는 일용 근로 임금으로만 인정하여 보상하지만, 소송의 경우에는 같은 업종에 종사하는 사람들에 대하여 조사하여 발표하는 임금구조 기본통계 조사

서상의 통계 임금을 적용하여 일실 수익을 산정하고 있어 소송의 경우가 인정하는 임금이 높다.

이렇게 자동차보험 약관과 소송의 판결 금액 차이로 보험회사는 내부적으로 소송이 예상되는 경우 소송 판결에 따른 유불리를 따져 예상 판결 금액의 70~90% 내외 금액으로 합의를 하는 '특인 제도'를 운영하고 있다. 다만, 이 제도는 명문화된 게 아니라 각 보험회사별로 별도 운영하는 제도이므로 회사별로 다를 수 있다.

[표2]는 보험 약관과 판결에 의한 지급금 차이 예시 및 판례이니 참고하자. 판결 위자료는 2008년 7월 1일 이후 발생한 교통·산재 사고에 적용되는 서울중앙지방법원 교통·산재 손해 배상 전담 재판부를 기준으로 산출한 것이다.

[표2] 약관 기준과 판결 기준이 다른 사례(1)

항목	자동차보험 약관 지급 기준	소송 예상 판결
장례비	300만 원으로 동일	
위자료	4,500만 원 20세 이상~60세 미만 4,500만 원 20세 미만~60세 이상 4,000만 원 자동차보험 약관 기준	8,000만 원
상실수익액	3,000,000×2/3×183.5332(라이프니츠 계수) =367,066,400원	3,000,000×2/3×214.7654(호프만 계수)=429,530,800원
합계	415,066,400원	512,530,800원
차액	97,464,400원	

※월 소득이 300만 원이고 처와 자식이 1명 있는 31세의 남자가 과실 없이 자동차 사고로 사망한 경우

[표3] 약관 기준과 판결 기준이 다른 사례(2)

항목	자동차보험 약관 지급 기준	소송 예상 판결
위자료	200만 원 27% 이상~35% 미만 200만 원 노동 능력 상실률에 따라 상이 자동차보험 약관 지급 기준	2,320만 원(8,000만 원×29%)
상실 수익액	3,000,000×29%×182.1068(라이프 니츠 계수)=15,843,291원	3,000,000×29%×214.7654-5.9140 (호프만 계수)=18,170,071원
휴업 손해	3,000,000/30×180×80% =14,400,000원	3,000,000×5.9140=17,742,000원
합계	32,243,291원	59,112,071원
차액	26,868,780원	

※ 월 소득이 300만 원인 31세의 남자가 과실 없이 자동차 사고로 180일 입원 후 29%의 영구 후유 장애를 판정받은 경우

✎ 서울중앙지방법원 교통사고 전담 재판부 위자료 기준

교통사고 및 산업 재해 사고로 인한 손해 배상사건의 피해자에 대한 위자료(피해자 및 가족들에 대한 위자료의 합계 금액)는 다음과 같이 산정함을 원칙으로 한다.

가. 피해자에게 과실이 없는 경우

(1) 피해자가 사망한 때: 금 80,000,000원

(2) 피해자가 상해를 입어 가동 능력을 상실한 때: 금 80,000,000원에 가동 능력 상실률을 곱한 금액

나. 피해자에게 과실이 있는 경우: 위 '가' 항에 의한 위자료 기준 금액에서 피해자의 과실 비율 중 10분의 6에 해당하는 부분을 감액한 금액[=위자료 기준 금액×{1-(과실 비율×6/10)}]

1) 피해자가 사망한 경우 피해자의 과실 비율이 50%로 인정되는 때

80,000,000원×{1-(50%×6/10)}=56,000,000원

2) 피해자가 상해를 입어 가동 능력 중 30%를 상실하는 후유 장애가 생긴 경우 피해자의 과실 비율이 50%로 인정되는 때

80,000,000원×30%×{1-(50%×6/10)}=16,800,000원

[표4] 위자료 산정 기준 금액 연혁

1991년 이전의 기준 금액	2,000만 원
1991년도 전국 손해 배상 전담 재판부 재판장회의 논의 결과	3,000만 원
1996년도 서울지방법원 교통·산재 손해 배상 전담 재판장회의 논의 결과	4,000만 원
1999년 서울지방법원 교통·산재 손해 배상 전담 재판장회의 논의 결과	5,000만 원
2007년도부터 서울 소재 지방법원에서 증액된 기준으로 적용	6,000만 원

✎ 불법 행위로 입은 정신적 고통에 대한 위자료 액수는 사실심 법원이 여러 사정을 참작하여 그 직권에 속하는 재량에 의하여 확정할 수 있으며(대법원 2002.11.26. 선고 2002다43165 판결 등), 법원이 불법 행위로 인한 위자료를 산정함에 있어서는 피해자의 연령, 직업, 사회적 지위, 재산 및 생활 상태, 피해로 입은 고통의 정도, 피해자의 과실 정도 등 피해자 측의 사정에 가해자의 고의, 과실의 정도, 가해 행위의 동기, 원인, 가해자의 재산 상태, 사회적 지위, 연령, 사고 후의 가해자의 태도 등 가해자 측의 사정까지 함께 참작하게 됨(대법원 2009.12.24. 선고 2007다77149 판결).

교통사고 시 가·피해자 차량 구분법과 과실 비율

도로 한가운데 누군가 차를 세워놓고 언성을 높이며 싸우고 있다. 무슨

일일까? 차창 밖으로 고개를 내밀어 몇 마디 들어보니 금세 짐작이 간다. 교통사고 현장에서 많이 볼 수 있는 풍경이다. 교통사고 이해 당사자들은 왜 이렇게 다투는 것일까? 이유는 불이익 때문이다. 가해자가 되면 형사상, 민사상, 행정상 책임을 지기 때문이다. 그래서 어떻게든 책임을 덜어내려고 삿대질을 하게 되는 것이다. 그렇다면 좀 더 합리적인 방법은 없는 걸까?

금융감독원이 손해보험협회와 공동으로 만든 '자동차사고 과실 비율 인정기준'이라는 것이 있다. 자동차 사고가 발생할 경우 각 보험회사는 이를 우선 적용하고, 과실 비율에 대해 합의가 안 되면 소송을 제기하고 있다. 또는 2007년부터 운영하고 있는 '자동차보험 구상금 분쟁 심의위원회'에 조정을 신청하기도 한다.

사고의 유형은 다양하다. 그중에서도 가장 빈번히 발생하는 자동차 대 자동차 사고의 5가지 유형을 살펴보고자 한다. 이를 토대로 경찰서에서 가해 차량과 피해 차량을 구분하는 방법 및 보험회사가 과실 상계를 하는 방법을 알아보자.

1) 안전거리 미확보로 인한 사고의 경우

대부분의 추돌사고를 말한다. 이 경우 추돌한 차량을 가해 차량으로, 앞서 가던 차량을 피해 차량으로 본다.

이 같은 사고의 경우 보험회사에서도 가해 차량의 과실을 100%로 보고 있으나, 이유 없는 급정거로 인한 후미 추돌사고의 경우에는 피해 차량이라 하더라도 30% 정도의 과실을 적용하고 있다. 또한 후미 추돌사고라 하더라도 피해 차량의 제동 등에 고장이 생겨 점등되지 않는 경우나 야간에 미등을 켜지 않고 운행하던 중 발생한 사고의 경우에는 피해 차량에게도 10% 정도의 과실을 묻고 있다. [그림1]•

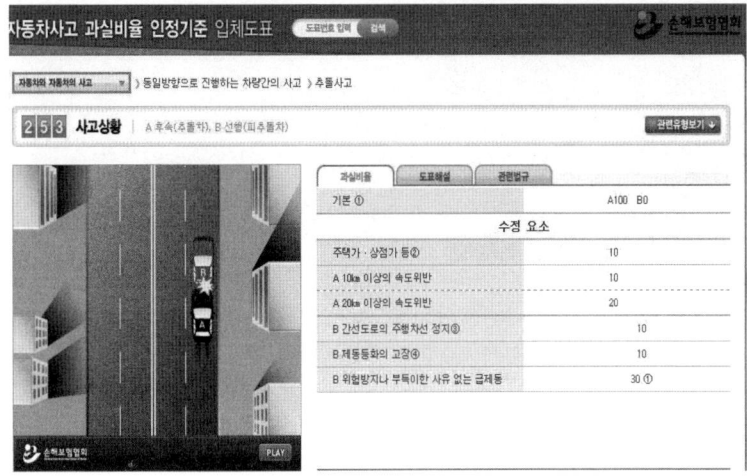

2) 차로(진로) 변경으로 인한 사고의 경우

정상 차로로 운행하던 차량에 대하여 진로 변경을 한 차량에 대하여는 직진 차 진로 방해의 법규를 위반한 것으로 보아 진로를 변경한 차량을 가해 차량으로 보고 있다.

보험회사에서는 이 같은 사고에 대하여 진로 변경을 한 차량에 대하여 기본적으로 70%, 직진 차에 대하여 30% 정도의 과실을 적용하고 있다. 이때 진로 변경하던 차량이 방향지시등을 켜지 않았거나 이미 변경하면서 방향 지시등을 켠 경우에는 진로 변경 차량에 10%의 과실을 가산하여 80%의 과실을 적용하고 있다. [그림2]

• 이하 그림 출처: 손해보험협회 홈페이지

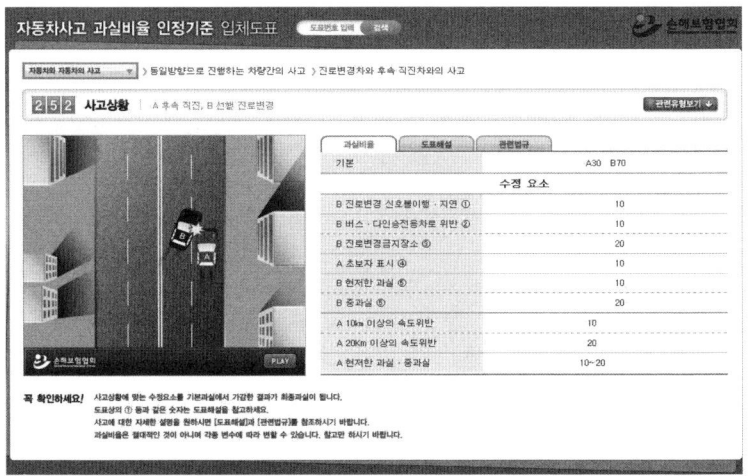

3) 신호 위반으로 발생한 교차로 사고의 경우

신호등 있는 교차로 사고의 경우는 신호를 위반하여 교차로에 진입한 차량을 가해 차량으로 보고 있는데 명백한 신호 위반의 경우는 가해 차량에게 100% 과실을 적용한다. 만일 양 차량이 모두 신호를 위반한 경우에는 신호등 없는 교차로상의 사고 시 처리 방법에 따라 가해 차량과 피해 차량을 구분하고 있다. 이 경우에는 특히 누가 먼저 교차로에 진입했느냐는 선진입 기준에 따라 가해 차량과 피해 차량을 구분하고 있다.

또한 피해 차량이라 하더라도 사고 예견 가능성이 있음에도 막연히 진행하다 충돌한 사고이거나 음주 운전, 무면허 운전 등의 경우에는 피해 차량에게 10~20% 정도의 과실을 적용하고 있다. 아울러 신호가 바뀌기 직전에 무리하게 출발해서 신호가 바뀌었는데도 아직 교차로를 벗어나지 못했거나 황색 신호일 때 진입한 경우에는 20~40% 정도의

과실을 적용하고 있다. 이러한 기준으로 보더라도 운전자는 교차로에서
는 무리하게 진입하지 않는 것이 좋다. [그림3]

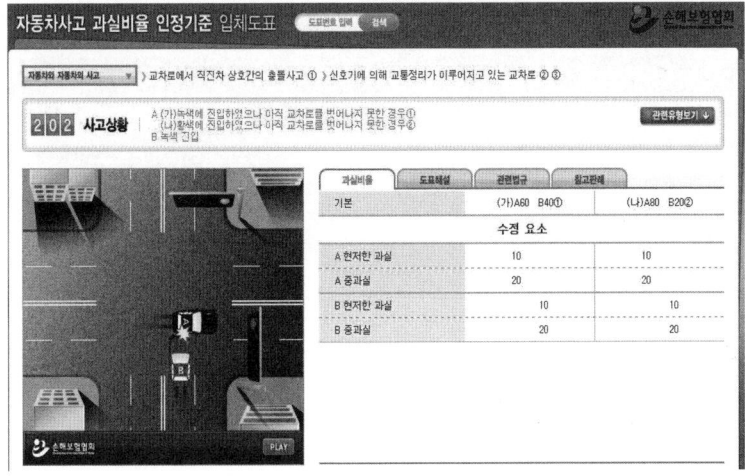

4) 신호등 없는 교차로 사고의 경우

신호등 없는 교차로 통행의 우선순위는 먼저 진입한 차량부터다. 같
은 폭의 교차로상에서는 진행방향 우측 차, 대·소로일 경우에는 대로
차가 우선이며 좌회전과 직진 차의 경우에는 직진차가 우선이다.

보험회사 측에서도 교차로에 어느 차량이 우선 진입했느냐에 따라
과실 비율이 많이 달라진다. 동일 폭의 교차로에서 동시에 진입하다
사고가 발생한 경우에는 우측 차에게 40%, 좌측 차에게 60%의 과실을
적용하며, 일시정지의 표시가 있는데도 위반한 경우에는 10%의 과실을
위반차량에 가산하고 있다. 그러나 동일 폭의 교차로라 하더라도 우선
진입한 차량이 있는 경우에는 나중에 진입한 차량의 과실을 70%로 보고
있다. 대·소로의 교차로상 사고인 경우에는 양 차량이 동시 진입한

경우에는 소로 차에 70%, 대로 차에 30%의 과실을 적용하고 있으며, 소로 차가 우선 진입한 경우에는 대로 차의 과실을 60%, 대로 차가 우선 진입한 경우에는 소로 차의 과실을 80%로 보고 있다. [그림4]

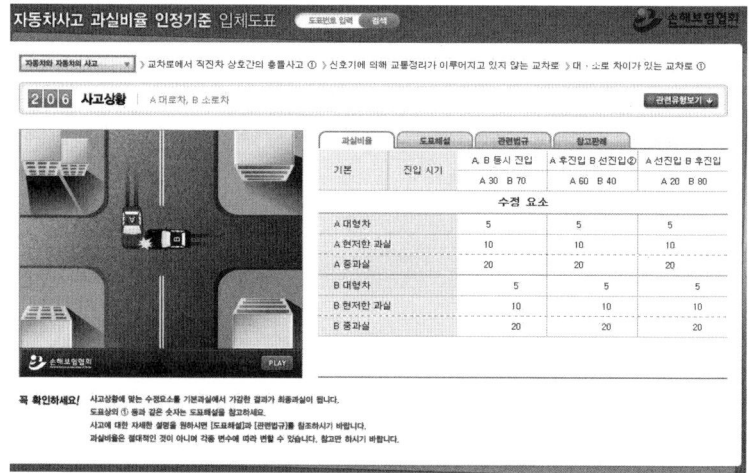

자동차사고 과실비율 인정기준 입체도표 [도로번호 입력] [검색] 손해보험협회

자동차와 자동차의 사고 ▼ 〉교차로에서 직진차 상호간의 충돌사고 ① 〉신호기에 의해 교통정리가 이루어지고 있지 않는 교차로 〉대·소로 차이가 있는 교차로 ①

2 0 6 사고상황 A 대로차, B 소로차 [관련유형보기 ↓]

과실비율	도표해설	관련법규	참고판례

기본	진입 시기	A, B 동시 진입	A 후진입 B 선진입②	A 선진입 B 후진입
		A 30 B 70	A 60 B 40	A 20 B 80
수정 요소				
A 대형차		5	5	5
A 현저한 과실		10	10	10
A 중과실		20	20	20
B 대형차		5	5	5
B 현저한 과실		10	10	10
B 중과실		20	20	20

꼭 확인하세요! 사고상황에 맞는 수정요소를 기본과실에서 가감한 결과가 최종과실이 됩니다.
도표상의 ① 등과 같은 숫자는 [도표해설]을 참조하세요.
사고에 대한 자세한 설명을 원하시면 [도표해설]과 [관련법규]를 참조하시기 바랍니다.
과실비율은 절대적인 것이 아니며 각종 변수에 따라 변할 수 있습니다. 참고만 하시기 바랍니다.

5) 우선권 양보 불이행 사고

우선권 양보 불이행 사고라 함은 양보 표지가 있는 곳, 또는 일시 정지 표지가 있는 곳에서 진입하는 차량이 가해 차량이 되는 사고를 말한다. 골목길에서 나오던 차량이 대로에 진입 시 사고가 발생한 경우도 이에 해당한다.

보험회사 측에서는 일시 정지 표시가 있는 곳에서 진입하던 차량이 사고를 야기한 경우에 일시 정지 표시가 있는 곳의 차량의 과실을 80%로 보고 있다. 그러나 이러한 경우라도 차량을 앞으로 노출시키고 대기하다가 발진 중 사고나 이미 회전을 거의 끝마치던 중 발생한 사고에 있어서는 직진하던 차량에 10% 정도의 과실을 가산하고 있다. [그림5]

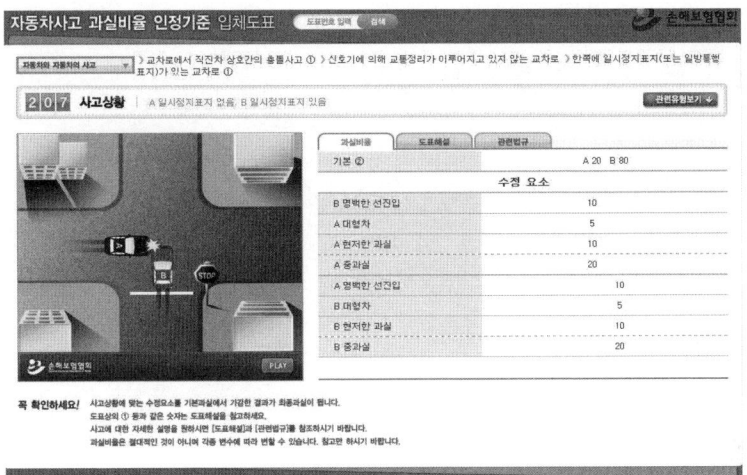

6) 사고가 발생하면 어떻게 해야 하나?—사고 처리 매뉴얼

아무리 침착한 사람이라도 막상 사고가 나면 당황하기 마련이다. 침착하게 대처하지 않으면 나중에 큰 손해를 볼 수 있다. 다음 사항을 기억해두자.

첫째, 사고가 나면 즉시 정차하고 부상자가 있을 경우 구호 조치를 한다.

사고가 났는데도 경미한 사고이니까 괜찮겠지 하고 사고 현장을 이탈하면 도주 사고(뺑소니 사고)로 형사 처벌을 받을 수도 있다. 보기에 별것 아니더라도 일단 사고가 났으면 무조건 정차하자. 상대편 운전자가 혹시 다치지는 않았는지 잘 살피고 만에 하나 부상자가 있다면 즉시 구호 조치를 해야 한다. 판례에는 사고 운전자가 현장에 있었어도 적극적인 구호 조치를 하지 않고 가버린 경우 역시 도주로 간주하고 있다. 피해자가 멀쩡해 보인다고 해서 아무 생각 없이 지나치지 말고 반드시 내려서

상해 여부를 파악하고 조금이라도 이상이 보이면 병원에 데려가는 등의 적극적인 구호 조치를 취해야 한다.

둘째, 현장을 보존해야 한다.

사고 현장을 보존하는 것은 나중에 누가 잘못했는가를 따질 때 매우 중요하게 고려되는 사항이다. 이 현장 보존을 잘못하여 억울하게 가해자로 몰리는 경우도 있다. 사고가 나면 휴대전화로 사고 현장 사진을 찍거나 동영상으로 촬영하고, 이런 장비가 없다면 사고 상황을 스프레이나 지워지지 않는 분필 등으로 표시한 후 차량을 안전한 곳으로 즉시 이동시켜야 한다. 또한 신호 위반의 경우에는 목격자를 확보하는 것이 가장 중요하다. 목격자의 인적 사항, 목격 장소, 연락처 등을 자세히 기록하면 나중에 도움이 될 수 있다.

셋째, 경찰서에 신고하라.

중대한 사고이거나 다툼이 있는 경우에는 112에 신고를 하면 경찰이 현장 조사를 나온다. 경찰이 사고 관련자의 진술을 청취하여 가해자와 피해자를 가려주고 있으니 내 잘못 아니라고 길 막고 싸울 일이 없다. 신고 후 현장에 출동한 교통 경찰관의 지시에 따라 사고 처리를 하자.

넷째, 보험회사에 사고 접수를 해라

요즘에는 보험회사에서 현장 출동 전문 요원을 두고 있어 이들의 도움을 받을 수 있다. 보험회사에 사고 접수를 하면 법률적인 지식을 갖춘 담당자들이 현장에 나와 사고 처리를 도와준다. 야간에도 긴급 출동 서비스를 받을 수 있기 때문에 보험회사 연락처를 자동차에 비치하여 사고에 대비하는 것이 좋다.

자동차보험 피해자도 보험금을 청구할 권리가 있다

가끔 가해자가 보험금 청구를 거부하는 경우가 있다. 이럴 경우 피해자는 황당해질 수밖에 없다. 당연히 다툼이 생기고, 어떻게 하면 손해를 배상받을 수 있는지를 묻는 피해자들이 많다. 답은 간단하다. 보험금 청구를 직접 하면 된다. 피해자에게는 보험회사에 책임 보험금을 직접 청구할 수 있는 권리가 있다. 이를 '피해자 직접 청구권'이라 한다. 이는 상법, 자동차 손해 배상 보장법('자배법'이라고 줄여 말하기도 함) 및 자동차보험 약관(대인 배상 및 대물 배상) 등에도 명시되어 있다.

다만, 보험회사도 피해자의 직접 청구에 대해 과실 상계, 손익 상계 등 손해 배상액에 대해 감액할 수 있다. 피보험자 즉, 피해자의 상대방 차량에게 과실이 없거나 보험금을 지급하지 않아도 되는 면책 사유에 해당하면 피해자가 직접 청구해도 보험금을 내주지 않을 수 있다.

다만, 자동차보험 대인 배상I은 고의로 인한 손해가 보험회사의 면책 규정에 해당하지만 자배법 규정에 따라 피보험자에게 구상할 수 있으므로 보험회사가 면책 조항을 이유로 보험금 지급을 거절할 수 없다.

아울러 배상액 중 일부를 피해자에게 배상한 뒤, 그 배상액에 대해 보험금을 청구한 피보험자의 청구권과 일부 배상받은 금액 외에 나머지 금액에 대한 피해자 직접 청구권이 동시에 이루어지면 피해자 직접 청구권이 우선하는 것으로 보고 있다.

만약 피해자가 직접 청구권과 함께 피보험자를 상대로 손해 배상 청구권을 행사한 경우 양측 모두에서 중복으로 지급받을 수 없고 실제 손해액의 범위 내에서 지급받을 수 있다.

보험회사는 피해자가 직접 청구를 하면 지체 없이 피보험자에게 통지하고 7일 이내 보험금을 지급해야 하며 동 기간을 초과하면 보험개발원 공시 정기이율 이자와 보험금을 함께 지급해야 한다.

기존 질병이 있는 상태에서 보험 사고가 발생한다면?

어떤 사람이 교통사고로 사망했다. 그런데 알고 보니 그 사람은 이미 불치병에 걸려 시한부의 삶을 살고 있었다. 그렇다면 이 경우 사망자는 일반인처럼 똑같이 보상을 받을 수 있을까? 아니면 어차피 죽을 목숨이었으니 보험금을 주지 않아도 되는 걸까? 영화에나 나올 법한 이런 상황이 현실에서 일어나지 말란 법은 없다. 현행법에 따르면 답은 '보험마다 다르다'이다.

가. 자동차보험의 경우: 직접적 인과관계가 없더라도 보험금 지급 배상 책임을 다루는 자동차보험은 인과관계에 따라 보상액이 달라지고 사람의 생명을 담보로 한 계약은 약관에 감액할 수 있는 조항이 없다면 전액 보험금을 지급해야 한다. 사망의 원인이 자동차 사고인 만큼 보험회사는 보험금을 지급해야 할 책임이 있는 것이다. 또한 지금 당장 사망하지는 않았으나 사고로 기존의 질병이 악화되어 사망한 경우라면 이 역시 인과관계를 추정할 수 있을 경우에 한해 보험회사에서는 책임을 져야 한다.

대법원에서도 '민사 분쟁에 있어서의 인과관계는 의학적, 자연과학적 인과관계가 아니라 사회적, 법적 인과관계이고, 그 인과관계는 반드시 의학적, 자연과학적으로 명백히 입증되어야 할 것은 아니다'라고 판결(대법원 2000.3.28 선고, 99다67147 판결)한 바 있다. 두 가지 사례를 살펴보자.

[사례1] A씨는 교통사고로 '우측경비골 근위부골절상'을 입고 6개월간 치료하던 중 사망하였다. 사망 원인은 대장암이었다. 그러나 고령인 데다가 사고 당시 당뇨, 고혈압, 천식 같은 질환을 앓고 있었다. 이에 보험회사는 교통사고와 사망 간에 인과관계가 없다며 사망 보험금을 지급하지 않자 분쟁이 발생하였다. 결과는 일부 지급이었다.

대장암이 교통사고와 직접 인과관계가 있다고 볼 수 없지만, 장기간 누워 있으면서 대장 활동이 용이하지 않았던 점 등과 보험회사의 자체 규정에 '사고 발생 당시 무직자로서 불치 및 취업 불가능한 상태의 지체 부자유자나 생명 구제가 불가능한 것으로 인정된 악성종양(암) 등의 질병자에 대해서는 최저 보험금을 지급한다'라고 규정하고 있어 보험금 전부 면책이 아닌 최저 사망 보험금을 지급했다.

[사례2] B씨는 자녀가 운전하던 차량에 탑승하였다가 탑승 차량이 전복 되면서 '요추 2, 3번 간 압박골절' 등의 부상을 입고 8개월간 입원 치료 후 퇴원하였다. 이후 통원 치료 중 '영양 결핍' 및 '욕창', '전해질 이상' 등의 이유로 사망했는데, 여기서도 보험회사는 사망 원인이 교통사고와 는 관련 없는 것으로 보험금을 지급할 수 없다고 하여 분쟁이 발생하였다. 그러나 조사 결과 B씨의 사망 원인이 교통사고와 전혀 무관하다고 할 수 없는 증거가 발견되었다.

실제로 B씨는 교통사고로 유리가 목에 박혀 입을 제대로 벌리지 못하고 씹기도 어려웠던 것이다. 이에 입원 기간 동안 관을 통해 음식물을 공급하는 상황이었다. 진료 기록에 의하면 B씨는 이 밖에도 압박골절로 침상에서 계속 누워 지내다가 욕창이 발생한 것으로 확인되었다. 결국 B씨의 사망은 교통사고와 상당한 인과관계에 있음으로 판단되어 보험회사는 보험금을 지급해야 했다.

나. 생명보험, 상해보험 등: 약정한 보험금을 모두 지급

사람의 생명을 담보로 한 생명보험의 경우는 자동차보험과 다르다. 자동차보험의 경우는 손해 배상의 원리에 의해 기여도를 판단하여 실손해를 산정하여 보험금을 지급하면 되지만, 생명보험은 계약상의 책임이기 때문에 약관에 명백한 규정이 없는 경우에는 기존 질병이 있다 하더라도 교통사고로 인해 사망한 경우라면 약정한 보험금 전부를 지급해야 한다.

그렇기 때문에 약관에 기존 질병이 있을 경우 공제하겠다는 취지의 조항이 없다면 보험금이 전부 지급될 수 있지만, 반대로 약관에 공제 조항이 있다면 보험금이 감액될 수 있다. 법원에서도 보험 약관에 감액할 수 있는 내용이 있다면 지급할 보험금을 감액하는 것이 타당하다고 판결한 바 있다.

결국 같은 사고라 할지라도 생명보험이나 상해보험 상품은 가입한 상품별 약관에 따라 지급 책임 여부에 대해 다른 결론이 나올 수도 있으므로 이런 사례가 있다면 약관 조항을 꼼꼼히 살펴봐야 한다.

결론적으로 기존에 질병이 있는 소비자라 하더라도 교통사고 등 외부의 요인에 의해 보험 사고가 발생했다면 보험회사는 일정 부분에 대해서는 책임을 져야 한다. 더군다나 약관에 기존 질병에 의한 영향을 삭감할 수 있는 근거 조항을 가지고 있지 않는 보험이라면 보험 사고가 외부적 요인에 의한 것일 때 보험금을 전액 지급받을 수도 있다.

　그러므로 소비자들도 보험 사고 발생 시 약관 등을 충분히 검토하고 유사 사례 등 관련 정보를 확인하여, 보험회사가 임의적으로 판단하였다면 보험회사와 다툴 필요가 있다.

해외 출국 1,300만 명 시대!—여행자보험의 유용성

여행자보험이란 여행 중 발생하는 불의의 사고나 질병에 대비하여 가입하는 보험 상품이다.

　여행자보험은 크게 국내 여행 보험과 해외여행 보험으로 나누어지는데 국내 여행 보험은 국내 여행 중 불의의 사고로 인해 발생한 상해, 질병, 배상 책임, 휴대품 손해 등을 보상하고 있으며, 가족 담보 특약을 가입하게 되면 가족 모두의 위험을 보상받을 수 있다.

　여행자보험은 기본 계약인 상해 손해와 선택 계약인 질병, 휴대품, 배상 책임 손해로 구분되며 보험 기간이 종료되면 보험료를 환불받지 못하는 소멸성 보험이므로 상대적으로 보험료가 저렴한 것이 특징이다. 20명 이상 단체로 가입하게 될 경우에는 5%에서 최고 20%까지 보험료 할인 혜택도 있어, 여행사가 여행 대금에 포함시켜 가입하기도 한다.

　해외여행 보험은 해외여행을 위해 집을 출발하여 여행을 마치고 집에 도착할 때까지, 그 사이에 생긴 불의의 사고로 인한 손해를 보상한다. 내용은 국내 여행 보험과 유사하나 국내 여행 보험에는 없는 특별비용 특약과 항공기 납치 특약이 선택 계약으로 있다.

　여행자보험은 가입할 때 신체검사 등 복잡한 절차 없이 청약서 작성

후 서명만으로 간편하게 가입할 수 있으며, 공항 출국장에서도 판매하고 있으므로 해외여행을 떠나기 전에도 가입할 수도 있다. 또한 일부 보험 회사들은 인터넷으로도 보험 가입을 받고 있어 가입이 간편한 것이 특징이다.

여행자보험은 가입만 하면 보상을 받을 수 있는 기본 계약과 소비자가 선택해서 가입할 수 있는 선택 계약으로 구분되는데, 기본 계약인 상해 손해는 여행 중 급격하고 우연한 외래의 사고로 사망 또는 후유장애가 발생한 경우에 보상받을 수 있다. 선택 계약으로는 국내 · 해외 여행자보험이, 공통으로는 실손 의료비 보장 특약 · 질병 사망 특약 · 배상 책임 특약 · 휴대품 손해 특약 등이 있다.

실손 의료비 특약의 경우 상해나 질병 모두 해외 발생 치료비는 가입 금액을 한도로 전액 보상하고, 국내 의료비는 '국민건강보험법상의 본인 부담금과 비급여 합계액의 90%(건강보험 없을 시 본인 부담금의 40%까지)까지 보상하되 보험 만기 후 90일(만기 후 치료했다면 치료일)까지 기한이 정해져 있고, 다른 실손의료보험이 있으면 비례 보상하고 있다.

배상 책임 특약은 여행 중 우연한 사고로 타인의 신체나 재물에 손해를 끼쳐 손해 배상 책임을 지는 경우로서 이 경우에는 손해 배상금과 소송 비용을 보험 증권에 기재된 보상 한도액 내에서 보상하고 있다. 배상 책임 특약은 자기 부담금 1만 원이 있다.

휴대품 손해 특약은 여행 중 피보험자의 휴대품에 생긴 도난, 파손, 화재 등의 손해로 인한 수리비나 대체비 등 실손해액을 증권에 기재된 보험 가입 금액 내에서 1조 1쌍 당 20만 원 한도 내에서 보상하고 있으며, 역시 자기 부담금 1만 원이 있다. 단 현금, 유가 증권, 동식물, 콘택트 렌즈 등 도덕적 위험이 있는 품목이나 가치를 산정하기 어려운 품목들은 보상하지 않고 있으므로 약관을 주의 깊게 살펴보아야 하며, 본인의 부주의로 인한 분실을 하였을 경우에는 보상하지 않고 있다.

특별비용 담보 특별 약관은 해외여행 보험에만 있는 특약으로서 피보험자가 여행 중 탑승한 항공기나 선박이 행방불명 또는 조난되거나 산악 등반 중 조난된 경우, 여행 중 현지에서 상해로 180일 이내에 사망하거나 14일 이상 계속 현지에 입원할 때, 질병으로 여행 중 현지에서 사망하거나 140일 이상 계속 입원할 때에 발생하는 비용을 담보하고 있다.

이 경우 2명 한도 내에서 피보험자의 법정 상속인의 현지 왕복 교통비, 14일 이내의 현지 숙박비, 피보험자를 주소지까지 이송하는 비용 또는 호송 비용, 피보험자, 10만 원 한도 내에서 법적 상속인의 출입국 절차 비용과 통신비를 보상하고 있다.

항공기 납치 특약은 여행 도중에 피보험자가 탑승한 항공기가 납치됨에 따라 도착 예정지에 도착할 수 없게 되는 동안, 1일 7만 원씩 20일을 한도로 보험금을 지급하는 특약이다.

여행자보험에서 특히 유의해야 할 사항은 여행사에서 보험에 가입해주는 경우 보장 기간, 가입 금액이나 보장 내용을 보험회사가 설명하지 않아 자세히 모르는 경우이다.

접수 사례를 살펴보면, 유럽 여행을 다녀오던 중 여행사의 부주의로 공항에서 휴대품(180만 원 상당)을 도난당했는데, 여행자보험 휴대품 도난 손해 가입 금액이 40만 원밖에 안 된 경우도 있다.

통상 여행사들이 여행객을 위해 가입해주는 여행자보험은 대부분 여행 경비를 조금이라도 줄이기 위해 보험료가 싼 상품을 가입하는 경우가 많기 때문에 여행을 가기 전 보험 가입 여부 및 세부 내용을 인지할 필요가 있다.

가입 날짜가 달라서 분쟁이 발생하는 경우도 있다. 태국 파타야로 신혼여행을 간 A씨 부부는 투숙한 호텔이 어두운 관계로 전면 유리를 보지 못하고 충돌하여 왼쪽 무릎에 부상을 입고 현지 치료 후 보험금을 청구했다. 그러나 보험회사는 사고 난 날짜가 보험 개시 일자 전으로 보험금을 지급할 수 없다고 하여 분쟁이 야기된 사례도 있었다.

현지에서 치료받은 내역서를 챙기지 않아 낭패를 당한 사례도 있다. 호주 여행 중 교통사고로 부상을 입고 치료 후 귀국하여 여행자보험을 청구했는데, 치료비 영수증 및 치료비 내역서가 없어 보험금을 지급받지 못한 경우가 그렇다.

여행자보험에서 보험금을 지급받으려면 사고 증명서, 진단서 또는 사체 검안서, 치료비 영수증 및 명세서처럼 사고 사실 및 손해를 입증할 수 있는 서류를 갖추는 것이 중요하다. 보험에 들었으니 보험회사가 알아서 해주겠지 하다가는 신속히 보험금을 지급받지 못해 이중의 손해를 볼 수도 있다. 특히 해외 여행지에서 사고가 발생한 경우에는 대부분의 보험회사들이 현지에서 직접 보상 처리를 하고 있으므로, 보험회사 측에서 운영하는 우리말 지원 서비스(수신자 부담)에 연락하여 보험 사고 접수 및 처리 절차를 안내받는 것도 도움이 된다.

선진국의 경우 병원비가 우리나라보다 비싼 경우도 많다. 일본 관광

을 하던 중 교통사고로 췌장(이자)이 천공되는 중상을 입은 가입자는
일본 국립 병원에서 수술 치료를 받는 등 병원비가 1,400만 원이나 들었
지만 보험회사가 지급한 치료비는 가입 금액 500만 원이 전부였다.

여행자보험은 가입 금액이 정해져 있는 보험으로서 이를 넘어서는
손해가 발생한 경우에는 소비자가 부담해야 하기 때문이다. 불의의 사고
를 대비하기 위해서는 보험료의 차이가 있더라도 보장 금액이 다소 높은
상품을 선택할 필요가 있다.

보험은 평상시가 아니라 사고가 났을 경우를 대비하여 가입하는 것인
만큼 지나고 나니 보험료가 아깝다고 생각할 것이 아니다. 그만큼 최소
한의 안전장치를 두었기에 즐거운 마음으로 여행을 다녀올 수 있었다고
생각하는 마음가짐이 중요하다.

실손의료보험 주요 항목 비교

실손의료보험이란 보험 가입자가 상해 또는 질병으로 입원이나 통원할
경우 보험 가입자가 부담한 의료비를 보험회사가 지급하는 보험을 말한
다. 이 보험은 가입 시기별로 보장 금액이 다른데, 2009년 8월 1일 표준
약관이 변경됐기 때문이다. 따라서 이때를 기준으로 그 이전에 계약했으
면 보험 가입자 부담 의료비의 100%를, 8월 1일~9월 30일까지 한 계약
은 가입 후 3년까지 100%, 그 후 90%로 축소, 10월 1일 한 계약부터는
90%만 보장한다([표5]~[표7] 참조).

[표5] 가입 시기별 실손 의료비 보상 기준

2009년 8월 1일 이전	8월 1일~9월 30일	10월 1일 이후
100% 보장	100% 보장(3년 후 90%로 축소)	90%만 보장

[표6] 신약관과 구약관의 차이점

주요 항목		구약관(2009.10.1 이전)	신약관(2009.10.1 이후)
보상 한도		입원 1,000만 원~1억 원까지 통원 1회당 10만 원~100만 원	입원 5,000만 원 한도로 통일, 통원 1일당 30만 원(연간 180회)
보상 한도액 산정 기준		발병일로부터 180일 혹은 365일	1질병당, 1상해당 최초 입원일로부터 365일까지
지급률		자기 부담 의료비 100%	국민건강보험법에 의거 본인 실제 부담한 금액의 90%
병실 차액		실제 상급 병실 사용료의 50% (2인실 기준)	실제 상급 병실 사용료의 50% (1일 한도 10만 원)
자기 부담금 한도	입원	규정 없음	자기 부담금 연간 200만 원 한도 초과액은 100% 지급
	통원	5,000원/1만 원 공제 병원 약국 합산	병원 규모별 공제(종합 병원 2만 원, 병원 1만 5,000원, 의원 1만 원), 처방 조제비 처방전당 10만 원 한도(8,000원 공제, 연간 180건)
입원 의료비 반복 보상		상해 반복 보장 없음, 질병 마지막 퇴원일부터 180일 경과 후 반복 보상	하나의 상해 또는 질병으로 최초 입원일부터 365일 치료 시 90일 경과 후 반복보상
계약 만료 시	계속 입원	계속 입원에 한하여 퇴원 시까지	계약 보험 기간 종료일로부터 180일까지 보장
	계속 통원	사고 발생일로부터 365일 30회 보장	계약의 보험 기간 종료일로부터 180일 이내 외래 방문 90회, 처방전 90건 한도

직원 복리 후생 제도 감면 의료비	입·통원 의료비 규정 없음 상해 의료비 실제 부담한 의료비	직원 복리 후생 제도에 의한 감면 시 감면 전 의료비 기준
해외 소재 의료 기관	보장(단, 일반 처리이므로 40% 지급)	국민건강보험법 제40조(요양 기관) 의료비만 보장
치과 한방 병원	치과 질환 보상 불가 한방 병원 한의원 통원 보상 불가	치과 치료, 한방 치료 발생한 의료비 요양 급여 보상
자동차보험 산재, 타법령 보상 의료비	지급 불가. 단 본인 부담 시 입원 본인 부담금의 40%, 통원 본인 부담금에서 5,000원 공제 후 40% 보상	지급 불가. 단, 본인 부담 시 입원 본인 부담금의 40%, 통원 및 처방 공제액 공제 후 40% 보상
피보험자 고의 사고	자해, 자살, 자살 미수, 범죄 행위, 폭력 행위 제외	자해, 자살, 자살 미수 제외. 단 심신 상실 등의 경우 보상

[표7] 실손의료보험 상품의 손해보험과 생명보험 간 비교•

구분	내용	2009년 10월 1일 이전 약관		2009년 10월 1일 이후
		손해보험	생명보험	
유형 분류	•상품 유형 ①상해·질병·입원·통원 ②질병형·상해형·종합형 ③입원형·통원형 •상해 등급 적용 여부	①상해 입원·상해 통원 ②질병 입원·질병 통원 ③상해 의료비·질병입원의료비 •적용	①질병형(입·통원) ②종합형(질병+상해 입·통원) •해당 사항 없음	①상해(입원·통원)형 ②질병(입원·통원)형 ③종합(입원·통원)형 •적용
입원 통원	•상품구성 •입원 한도 •입원 한도 산출 방식 •상급 병실 차액(개인) •통원(외래+약제	•입원+통원 •1,000만 원~1억 원 한도 •사고당 입원 한도 •50%(상해 의료비는 100% 가능)	•입원+외래+약제비 •3,000만 원~5,000만 원 한도 •연간 입원 한도 •50%(1일 평균 8만 원 한도)	•입원+외래+약제비 •5,000만 원 한도 •사고당 입원 한도 •50%(1일 평균

	비) 한도 •통원 한도 산출 방식 •갱신 주기 •병원 급별 공제 금액	•10~50만 원 •일당 통원 한도 •3년/5년, 세(歲) 만기 •해당 사항 없음	•15만 원/20만 원 •회당 외래·약제비 한도 •3년 자동 갱신 •적용	10만 원 한도) •30만 원 한도 •회당 외래·약제비 한도 •자율 운용 •적용
보장 범위	•용어(상해/재해) •재해 분류표 적용 •해외 진료비 보장 여부 •국민건강보험 미적용 시 •면책 사항(치매, 한방, 치과, 비뇨기과, 산과, 선천성 질환, 치질 등)	•'상해' 용어 사용 •해당 사항 없음 •40% 보장 •40% 보장(회사별 의료비 기준) •회사별 면책 범위 상이(포괄적 열거주의)	•'재해' 용어 사용 •적용 •해당 사항 없음 •본인 부담 의료비의 32% •회사별 면책 범위 상이(구체적 열거주의)	•'상해'로 통일 •적용 안 함 •보장 안 함 •40% 보장 •보장: 치매, 한방(급여), 치과(급여), 치질(급여)
운영 방식	•주 계약/특약 운용 여부 •보장 기간 •공시 방법 •상품명 •특정 담보 의료비 보장 •적립금 대체 납입 방식	•특약형(방카는 주 계약) •최대 100세 •별도 공시 기준 없음 •일부 '의료보험' 사용 •교통, 화재, 상해 등 다수 •운용 중	•특약형(일부는 주 계약) •80세/100세(일부 종신형) •별도 공시 기준 없음 •'의료'/'의료비' 사용 •선천 이상 입원 등 소수 •해당 사항 없음	•자율 운용 •자율 운용 •별도 공시기준 마련(협회) •'실손 의료비' 명기 •면책사항만 담보 가능 •자율 운용
요율	•요율 산출	•자사율 (회사별 경험 통계 적용)	•자사율 (국민건강보험 통계 적용, 일부는 경험 통계 적용)	•자율 운용

● 금융감독원 보험계리연금실, "보험 소비자가 알아두면 유익한 사항" 종합 안내, 2010년 1월 12일.

2부

싸움의 기술

—내 보험금 끝까지 받아내는 법

●보험에 대한 개괄적인 내용을 알게 되었으니 본격적으로 부당한 보험사의 횡포에 맞설 차례다. 2부에서는 가입자의 피해 유형과 이에 대응하는 방법, 이와 관련한 각종 관련 법규 및 판례를 소개한다. 여기 실린 사례는 나와는 관련 없는 아주 먼 얘기가 아니다. 언제든 내게도 닥칠 수 있는 일이니 기억해두자●

보험설계사의 권유로 해약했을 때

아차 씨는 요즘 후회막급이다. 왜냐하면 설계사의 말만 듣고 기존에 있던 보험을 해지하는 바람에 손해가 이만저만이 아니기 때문이다. 당시에는 솔깃했지만 생각해볼수록 화가 나는 일이었다. 그렇다면 이런 경우 귀가 얇은 자신을 탓하며 포기해야 하는 걸까? 그렇지 않다. 방법은 있다.

보통 보험설계사가 바뀌면 기존 계약의 나쁜 점을 강조하면서 신규 가입을 권유하는 경우가 많다. 기존 계약을 유지할 경우 받는 유지 수당, 수금 수당 등에 비해 새로운 계약을 모집했을 때 받을 수 있는 신규수당이 훨씬 많기 때문이다. 하지만 그건 어디까지나 설계사 입장이다. 가입자 입장에서는 금전적으로 손해를 볼 수도 있기 때문이다. 예컨대 해약한 보험이 새로 가입한 보험보다 보장 범위가 더 넓거나 높은 금리를 적용한 상품인 경우, 해약 환급금보다 납입 보험료가 더 많을 수 있기 때문이다. 쉽게 말해 돈을 더 내야 한다는 거다. 일단 계약을 해지하고 새로 가입하면 어쩔 수 없는 걸까? 그렇지 않다. 다음과 같은 사실을 알아두고 합리적으로 선택해야 한다.

첫째, 기존 보험이 소멸한 날로부터 6개월 내 기존 보험 부활이 가능하다. 또한 부당하게 기존 보험을 전환시킨 설계사는 과태료 처분이 가능하다. 하지만 무조건 새로 가입한 계약을 무효화하고 기존 계약을 부활시킬 수 있는 것은 아니다. 다음과 같은 요건을 만족시켜야 하기 때문이다. 그러니 혹시라도 설계사의 유혹에 이끌려 멀쩡한 보험을 깨고 새로 가입했다 하더라고 잘 살펴보고 대책을 세울 일이다.

다툴 수 있는 경우	•기존 보험 계약 소멸된 날부터 1개월 내 새로운 보험 계약 청약 •새로운 보험 계약 청약일로부터 1개월 내 기존 보험 계약 소멸 •기존 보험 계약 소멸된 날부터 6개월 내 새로운 보험 가입할 때, 기존 보험과 비교해서 보험료, 보험 기간, 주요 보장 내용 등 알리지 않은 경우 •새로운 보험 계약 청약일부터 6개월 내 기존 보험 계약 소멸한 때, 비교해서 보험료, 보험 기간, 주요 보장 내용 등 알리지 않은 경우
다투기 어려운 경우	•보험 계약 기간이 1년 미만인 경우 •기존 보험 계약과 새로운 보험 계약의 피보험자가 같지 않거나 유사한 보험이 아닌 경우 •새로운 보험체결로 손해발생 사실을 소비자가 알고 있음을 서명, 기명날인, 녹취 등으로 입증한 경우

✎ 관련 법규 및 판례

보험업법 제97조(보험 계약의 체결 또는 모집에 관한 금지 사항) ① 보험 계약의 체결 또는 모집에 종사하는 자는 그 체결 또는 모집에 관하여 다음 각 호의 어느 하나에 해당하는 행위를 하여서는 아니 된다.

5. 보험 계약자 또는 피보험자로 하여금 이미 성립된 보험 계약(이하 이 조에서 "기존 보험 계약"이라 한다)을 부당하게 소멸시킴으로써 새로운 보험 계약(대통령령으로 정하는 바에 따라 기존 보험 계약과 보장 내용 등이 비슷한 경우만 해당한다. 이하 이 조에서 같다)을 청약하게 하거나 새로운 보험 계약을 청약하게 함으로써

기존 보험 계약을 부당하게 소멸시키거나 그 밖에 부당하게 보험 계약을 청약하게 하거나 이러한 것을 권유하는 행위.

✎ 벌칙 조항

제209조(과태료) ③ 다음 각 호의 어느 하나에 해당하는 자에게는 1,000만 원 이하의 과태료를 부과한다.

10. 제97조 제1항을 위반한 자

⑤ 제1항부터 제4항까지의 과태료는 대통령령으로 정하는 바에 따라 금융위원회가 부과·징수한다.[전문 개정 2010.7.23.]

02
보험설계사의 과실은 보험회사도 책임

보험설계사가 보험 계약자에게 보험 상품의 특성과 주요 내용에 대해 명확히 설명하지 않아 계약자에게 손해가 발생한 경우가 많다. 또한 보험 청약서의 자필 서명을 설계사가 임의로 하거나 보험료를 횡령한 경우, 보험 청약서의 계약 전 알릴 내용에 대해 사실과 다르게 기재하도록 유도하여 보험금을 지급받지 못한 경우도 있다. 특히 요즘은 변액유니버설 보험 등 투자형 보험 상품을 판매하면서 투자 적합성 및 원금 손실 가능성 등 투자에 필요한 상세한 설명을 하지 않은 경우 등이 자주 발견된다. 이럴 때는 어떻게 대처해야 할까.

　우선 보험설계사의 고의 과실을 입증할 수 있는 자필 확인서 또는 녹취 등 입증할 자료가 있으면 손해 배상 청구가 가능하다. 기억해야 할 것은 보험회사가 손해 배상을 하면 보험설계사에게 구상권을 행사할 수 있기 때문에 처음에 시인했다가 나중에 번복하는 경우도 있다는 것이다. 이에 대비해 최초 손해 발생 단계에서 서면 확인서 등 유리한 입증 자료를 신속히 확보해야 한다.

타인의 사망을 담보로 한 계약에서 자필 서명을 계약자나 피보험자가 하지 않은 것이 명백한 경우는 보험 계약은 무효가 되지만 그로 인한 손해에 대해서 배상 청구가 가능하다. 다만, 경우에 따라 본인 과실을 적용하여 감액될 수 있다.

보험설계사가 고의 과실을 시인하거나 시인하는 확인서 또는 최소한 녹취가 있는 경우, 보험료 횡령의 경우, 보험회사 직인이 있는 영수증을 받았거나 최소한 계좌로 보험료 끝전까지 맞춰서 입금한 내역이 있는 경우도 마찬가지다.

그러나 쉽지 않은 경우도 있다. 예컨대 보험설계사가 고의 과실을 시인하지 않고 녹취 등의 입증 자료가 없는 경우처럼 최소한의 입증 자료도 없고 단순히 정황 증거만 있으면 배상 청구가 어렵다. 또한 보험료 횡령에서 보험설계사에게 입금한 돈이 보험료와 맞지 않는 경우, 단순히 자필 서명을 하지 않은 경우 등에는 이것만으로는 계약 무효나 취소 사유가 되지 않기 때문이다. 요약하면 다음과 같다.

다툴 수 있는 경우	•자필 서명을 계약자나 피보험자가 하지 않은 것이 명백한 경우 •보험설계사가 고의 과실을 시인하거나 입증할 수 있는 경우 •보험설계사가 보험료 횡령의 경우
다투기 어려운 경우	•입증 자료가 없을 경우 •단순히 자필 서명만 없는 경우

◈ 관련 규정

보험업법 제102조(모집을 위탁한 보험회사의 배상 책임) ① 보험회사는 그 임직원·
보험설계사 또는 보험 대리점(보험 대리점 소속 보험설계사를 포함한다. 이하 이
조에서 같다)이 모집을 하면서 보험 계약자에게 손해를 입힌 경우 배상할 책임을
진다. 다만, 보험회사가 보험설계사 또는 보험 대리점에 모집을 위탁하면서 상당한
주의를 하였고 이들이 모집을 하면서 보험 계약자에게 손해를 입히는 것을 막기
위하여 노력한 경우에는 그러하지 아니하다.

◈ 관련 판례

•서울고법 2010.3.31, 선고 2009나97606 판결

변액유니버셜 보험 등 투자형 상품에서 설명 의무 및 적합성 원칙 위반한 경우
보험설계사 및 보험회사의 손해 배상 책임을 인정한 사례

•대법원 2008.8.21, 선고 2007다76696 판결

타인의 사망을 보험 사고로 하는 보험 계약의 체결에 있어서 보험설계사가 보험
계약자에게 피보험자의 서면 동의 등의 요건에 관하여 구체적이고 상세하게 설명하
지 않아 보험 계약이 무효가 된 경우 보험회사는 보험업법 제102조 제1항에 기하여
보험 계약자에게 그 보험금 상당액의 손해를 배상할 의무를 진다

•대법원 2006.11.23, 선고 2004다45356 판결

보험 모집인이 처로부터 보험에 가입해 달라는 부탁과 함께 보험료를 받아 그중
일부를 개인적인 용도로 사용한 사안에서, 구 보험업법 제158조(현행 102조)에 의하
여 보험 사업자의 배상 책임을 인정한 사례.

미납으로 해지 때도 부활 가능

살다 보면 형편이 어려워 보험료를 못 낼 때도 있다. 보험료뿐인가 각종 세금과 할부금 등 다달이 들어가야 할 돈이 적지 않다. 만약 일시적 어려움으로 보험료를 연체해서 보험 계약이 해지된다면 어찌해야 할까. 이때도 운명이려니 하고 손 놓고 있지 말자. 보험료를 미납했다고 해서 보험사가 일방적으로 해당 보험을 해지할 수 없다. 또한 해지되었다 하더라도 되살릴 수 있는 길이 있기 때문이다.

우선 가입자가 보험료 미납으로 보험을 해지할 때 보험회사는 반드시 납입 최고(보험금을 내라고 독촉하는 것)를 해야 한다. 그리고 나중에 돈이 생겨 다시 보험을 살리고자 할 때 보험회사는 '해지 전 보험금 지급' 또는 '판매 중단의 사유'로 이를 거절할 수 없다. 즉 이미 보험금을 지급한 바 있고 그 상품이 더 이상 존재하지 않는다는 이유로 부활을 거부할 수 없다는 거다. 따라서 보험회사가 부활을 거절하면 인수 지침 등의 명백한 이유를 요구해야 한다.

부활 청약의 경우 계약 전 알릴 의무 대상 기간은 최초 계약 성립일로부터 부활 청약일까지의 기간이며 최대 5년이다. 만약 30일 이내 거절 의사를 통지받지 못하면 부활된 것으로 간주되며, 부활 청약과 함께 연체 보험료를 냈다면 승낙 전 보험 사고라도 거절 사유가 없는 한 보험금을 지급받을 수 있다.

요약하면 다음과 같다.

다툴 수 있는 경우	•보험료 미납에 따른 납입 최고를 받지 않은 계약 •보험 계약이 해지된 날로부터 2년이 경과되지 않은 경우 -연체된 보험료와 이자를 납입해야 가능 -기존 계약과 동일한 조건으로 부활 •명백한 부활 거절 사유가 없음에도 부활을 거절한 경우
다투기 어려운 경우	•보험료 연체로 인한 해지 후 2년이 경과하여 소멸된 계약 •해지 후 부활 시까지 신체적 이상 등이 발생하여 보험회사가 보험 계약부활을 거절할 만한 사유가 명백히 있는 경우

✎ 관련 규정

상법 제650조의2(보험 계약의 부활) 제650조 제2항에 따라 보험 계약이 해지되고 해지 환급금이 지급되지 아니한 경우에 보험 계약자는 일정한 기간 내에 연체 보험료에 약정 이자를 붙여 보험자에게 지급하고 그 계약의 부활을 청구할 수 있다. 제638조의2의 규정은 이 경우에 준용한다.

상법 제638조의2(보험 계약의 성립) ① 보험자가 보험 계약자로부터 보험 계약의 청약과 함께 보험료 상당액의 전부 또는 일부의 지급을 받은 때에는 다른 약정이 없으면 30일 내에 그 상대방에 대하여 낙부의 통지를 발송하여야 한다. 그러나 인보험 계약의 피보험자가 신체검사를 받아야 하는 경우에는 그 기간은 신체검사를 받은 날부터 기산한다.

② 보험자가 제1항의 규정에 의한 기간 내에 낙부의 통지를 해태한 때에는 승낙한 것으로 본다.

③ 보험자가 보험 계약자로부터 보험 계약의 청약과 함께 보험료 상당액의 전부 또는 일부를 받은 경우에 그 청약을 승낙하기 전에 보험 계약에서 정한 보험 사고가 생긴 때에는 그 청약을 거절할 사유가 없는 한 보험자는 보험 계약상의 책임을 진다. 그러나 인보험 계약의 피보험자가 신체검사를 받아야 하는 경우에 그 검사를

받지 아니한 때에는 그러하지 아니하다.[본조 신설 1991.12.31.]

✎ 관련 판례

•대법원 2008.11.27, 선고 2008다40847 판결

청약을 거절할 사유란 보험 계약의 청약이 이루어진 바로 그 종류의 보험에 관하여 해당 보험회사가 마련하고 있는 객관적인 보험 인수 기준에 의해 인수할 수 없는 위험 상태 또는 사정이 있는 것으로서 통상 피보험자가 보험 약관에서 정한 적격 피보험체가 아닌 경우를 말하고, 이러한 청약을 거절할 사유의 존재에 대한 증명 책임은 보험자(보험회사)에게 있다.

압류, 담보권 실행에서 제외되는 보험

경제적 어려움으로 돈을 못 갚은 경우 압류가 들어온다. 부동산은 물론 금융 자산 등 처분 가능한 재산은 모두 그렇다. 그렇다면 보험은 어떨까? 계약자의 보험도 압류나 담보권 실행이 가능할까? 대법원 판결(2009.6.23, 선고 2007다26165 판결)에 의하면 보험 계약에 대한 압류 및 추심 명령이 가능하다. 그러나 2011년 7월 6일 개정 시행된 민사집행법에 따라 소액의 보장성 보험 등은 압류 금지 채권으로 분류하고 있다. 즉, 소액 보장성 보험은 제외된다는 뜻이다. 정리하면 다음과 같다.

다툴 수 있는 경우	•보장성 보험 사망 보험금 중 1,000만 원 이하의 보험금 •상해, 질병, 사고 등으로 채무자가 지급받는 보장성 보험금 -진료비, 치료비, 수술비, 입원비, 약제비 등 실제 지출되는 비용을 보장하는 보험금 -치료 및 장애 회복을 위한 보험금 중 실제 지출되는 비용을 보장

	하는 보험금을 제외한 보험금의 1/2 금액 -채권자가 해지권을 행사하여 발생하는 해약 환급금 -채권자가 행사하는 해지권을 제외한 사유로 발생한 해약 환급금 중 150만 원 이하 금액 •보장성 보험의 만기 환급금 중 150만 원 이하 금액
다투기 어려운 경우	•보장성 보험이 아닌 저축성 보험, 변액유니버설 보험 등 투자형 보험 •다수 보험 계약으로 보험 계약별 합산액이 압류 금지 채권 상한을 넘는 경우 •실효, 휴면, 임의 해지에서 해약 환급금이 150만 원을 넘는 경우

✎ 관련 규정

민사집행법 시행령 제6조(압류 금지 보장성 보험금 등의 범위) ① 법 제246조 제1항 제7호에 따라 다음 각 호에 해당하는 보장성 보험의 보험금, 해약 환급금 및 만기 환급금에 관한 채권은 압류하지 못한다.

1. 사망 보험금 중 1,000만 원 이하의 보험금

2. 상해·질병·사고 등을 원인으로 채무자가 지급받는 보장성 보험의 보험금 중 다음 각 목에 해당하는 보험금

가. 진료비, 치료비, 수술비, 입원비, 약제비 등 치료 및 장애 회복을 위하여 실제 지출되는 비용을 보장하기 위한 보험금

나. 치료 및 장애 회복을 위한 보험금 중 가목에 해당하는 보험금을 제외한 보험금의 2분의 1에 해당하는 금액

3. 보장성 보험의 해약 환급금 중 다음 각 목에 해당하는 환급금

가. 민법 제404조에 따라 채권자가 채무자의 보험 계약 해지권을 대위 행사하거나 추심 명령(推尋命令) 또는 전부 명령(轉付命令)을 받은 채권자가 해지권을 행사하여 발생하는 해약 환급금

나. 가목에서 규정한 해약 사유 외의 사유로 발생하는 해약 환급금 중 150만 원 이하의 금액

4. 보장성 보험의 만기 환급금 중 150만 원 이하의 금액

② 채무자가 보장성 보험의 보험금, 해약 환급금 또는 만기 환급금 채권을 취득하는 보험 계약이 둘 이상인 경우에는 다음 각 호의 구분에 따라 제1항 각 호의 금액을 계산한다.

1. 제1항제1호, 제3호나목 및 제4호: 해당하는 보험 계약별 사망 보험금, 해약 환급금, 만기 환급금을 각각 합산한 금액에 대하여 해당 압류 금지 채권의 상한을 계산한다.

2. 제1항제2호나목 및 제3호가목: 보험 계약별로 계산한다.

[본조 신설 2011.7.1]

 05

중도 해지보다 감액 완납이 유리하다(?)

앞서 경제적 사정 등으로 보험료를 계속 내기 곤란할 때를 살펴보았다. 그렇다면 보험료를 내기 싫은 경우는 어떨까? 예컨대 새로운 보험 계약을 청약할 때 기존 가입한 보험의 보험료가 부담되는 경우도 있을 수 있고, 가입한 보험이 맘에 들지 않지만 그동안 낸 돈보다 해약 환급금이 너무 적어 계약은 계속 유지하고 싶은 경우가 있다. 이럴 때는 감액 완납 제도라는 게 있다. 감액 완납 제도는 그동안 낸 보험료의 해약 환급금으로 앞으로 남은 기간의 보험료를 모두 납부하고 대신 보장 금액은 줄이는 방법이다. 물론 보장 금액이 너무 많이 줄어든다면 따져봐야

한다. 감액 완납 제도는 한번 신청하면 다시 복귀가 안 되기 때문에 신중하게 선택해야 한다. 주 계약을 줄이고 불필요한 특약을 해지하여 보험료를 줄이거나 해지하지 않고 유지할 수 있는 다른 제도들과 꼼꼼히 비교해보아야 한다.

다툴 수 있는 경우 (감액 완납이 좋은 경우)	• 당초 계약한 보험 보장 기간과 보험금을 지급받는 조건(예를 들어 상해 보장, 뇌경색 등)을 변동 없이 유지하고 싶을 때 • 보험료 납입한 기간이 길어 해약 환급금이 많을 때(보장 내용이 크게 축소되거나 달라지지 않음)
다툴 수 없는 경우 (중도 해지 혹은 다른 방법을 고려하는 게 나은 경우)	• 가입한 지 얼마 안 되거나 보험료 대부분이 보험 사고 때 보장받을 돈으로 사용되어 해약 환급금이 많지 않은 경우(보장 내용이 대폭 축소됨) • 보험 중도 인출이 가능한 유니버설 보험은 대부분 감액 완납이 안 됨 • 가입한 보장 내용이나 특약이 현재는 없거나 불리하게 변경되어 다시 가입할 수 없는 경우(보장 내용을 축소하는 감액 완납보다 다른 제도 이용이 유리)

✎ 보험 계약을 유지할 수 있는 다른 제도

1) 감액 제도

보장 수준을 감액하고 감액된 부분은 해약한 것으로 처리하여 해약 환급금 지급. 감액된 만큼 보험료 부담이 적어짐.

2) 연장 정기 보험 제도

보험금은 기존 계약과 동일하지만 보험 기간 줄여 보험료 부담을 줄이는 제도. 더 이상 보험료 부담이 없다는 점에서 감액 완납 제도와 유사.

3) 보험료 자동 대출 납입 제도

해약 환급금의 범위 내에서 보험 계약 대출금으로 보험료가 자동적으로 납입되어 계약을 유지하게 하는 제도. 일시적 경제 사정으로 보험료 납입이 어렵지만 보험 기간과 보험금 보장 범위를 동일하게 유지하고 싶을 때 이용.

4) 보험료 납입 일시 중지 제도

모든 보험에 있는 제도는 아니며 저축성 및 변액유니버설 보험 등에서 의무 납입 기간 이후 일시적으로 보험료 납입을 중지할 수 있는 제도. 중지 기간은 적립된 보험료의 범위 내이며, 중지된 기간만큼 보험료 납입 기간이 연장되기도 함. 투자형 보험의 경우 납입 중지 기간 동안 수익률 손해가 있을 수 있음.

5) 중도 인출 기능

보험 계약자가 해약 환급금의 범위 내에서 무이자로 적립금을 인출해 사용할 수 있는 기능. 보험 계약 가입 후 일정 기간(통상 1~2년) 경과해야 이용 가능. 중도 인출을 하더라도 보험료나 보험 기간 등 보험 계약 사항에는 변동이 없지만 보험금과 해약 환급금이 줄어들고 추가납입 시 수당 등 사업비가 공제됨.

보험금 받기 어려운 질병보험

CI보험은 '중대한 질병' 시 사망 보험금의 50~80%를 치료비로 우선 지급하고 보험료를 면제해준 뒤 사망하면 나머지 보험금을 지급하는 종신형과 건강보험의 혼합형태 보험 상품이다. 따라서 '중대한 질병'이 아니면 보험금 지급이 안 된다. 그렇다면 무엇이 '중대한 질병'일까?

보험회사는 계약 전에 이 부분에 대해 충분히 설명해야 한다(설명 의무). 계약자 역시 보험회사와 상품마다 이 '중대한 질병'에 대한 기준이 다르므로 꼼꼼히 살펴보아야 한다.

예컨대 대부분의 CI보험이 통상 암 2기를 '중대한 암'으로 보고 있지만 일부 보험 상품은 암 1기도 포함한 경우가 있으므로 약관에서 해당 여부를 확인해야 한다. 진단 방법도 생각해보아야 한다. 암의 경우 조직 검사, 미세침 흡인검사 등 병리학적으로 진단받지 못할 불가피한 상황이면 임상학적 진단으로도 보험금 지급이 가능하다. 급성 심근경색의 진단 요건인 CK-MB 수치는 통상 12시간에서 48시간 이내 정상치로 돌아오므로 신속한 검사가 필요하다.

CI보험의 경우 '중대한 질병'을 놓고 다툼이 많을 수밖에 없다. 참고로 '중대한 질병'에 해당하지 않는 경우는 다음과 같다.

① 모든 피부암과 악성 흑색종 중 침범도가 1.5밀리미터 이하인 경우 면책 ② 암 종괴 크기가 2.0센티미터 미만으로 림프절 전이가 없는 모든 갑상샘암 면책 ③ 초기 전립선암, 전암병소, 상피내암, 경계성 종양은 중대한 암에서 제외 ④ 의료인에게 진료 또는 치료받는 과정에서 발생한 AIDS(HIV)가 아닌 경우 ⑤ 뇌졸중은 CT, MRI 등을 통한 진단과 언어 능력, 운동 실조, 마비 등 지급률 25% 이상 영구적인 신경학적 결손 중 한 가지라도 없는 경우 ⑥ 심전도 검사(ST분절, T파, Q파) 이상과 심장 근육 효소(CK-MB, TROPONIN 제외) 이상이 함께 나타나지 않은 급성 심근 경색 및 모든 협심증 제외.

이상의 내용을 요약하면 다음과 같다.

다툴 수 있는 경우	• 청약서에 자필 서명하지 않았거나 보험설계사가 '중대한 질병'에 대해 충분히 설명하지 않았음을 인정한 경우 • '중대한 암'에 대해 병리학적 진단이 서로 엇갈리는 경우는 제3의 병원을 지정하여 그 결과에 따라 보험금 지급 가능 여부 결정 • '급성 심근경색'은 금융감독원이 2008년 4월 1일부터 사망 등

	병리학적 진단이 어려운 경우 임상학적 진단도 인정하는 것으로 개선 -임상 의사가 '급성 심근경색'으로 진단하고 불가피하게 심전도 검사나 심장 근육 효소 검사 중 한 가지만 이상 소견이 있는 경우 확인 필요
다투기 어려운 경우	• 청약서에 자필 서명이 되어 있고 보험설계사가 '중대한 질병'에 대해 충분히 설명했다고 주장해서 상품 설명 불충분을 입증할 자료가 없는 경우 • '중대한 질병'은 종신보험처럼 1회에 한해 지급하는 경우가 대부분으로 재발하는 경우는 보장 안 됨 • '중대한 질병'은 의학적 소견이 중요한데 주장을 뒷받침할 만한 임상 소견 등 최소한의 의학적 증거도 없는 경우

✎ 관련 규정

상법 제638조의3(보험 약관의 교부·명시 의무) ① 보험자는 보험 계약을 체결할 때에 보험 계약자에게 보험 약관을 교부하고 그 약관의 중요한 내용을 알려주어야 한다.

✎ 관련 판례

• 대법원 2011.3.24, 선고 2010다96454 판결

보험자 및 보험 계약의 체결 또는 모집에 종사하는 자는 보험 계약을 체결할 때 보험 계약자 또는 피보험자에게 보험 계약의 중요한 내용에 대하여 구체적이고 상세한 명시·설명 의무를 지고 있으므로 보험자가 이러한 보험 약관의 명시·설명 의무에 위반하면 그 약관의 내용을 보험 계약의 내용으로 주장할 수 없다.

보험 약관 설명 책임

당연한 얘기지만 보험회사는 계약자에게 가입 보험의 약관과 중요 내용을 설명해야 한다. 그리고 이건 해도 되고 안 해도 되는 게 아니라 의무이다. 만약 이러한 설명 의무를 소홀히 하면 상법상 1월내 계약 취소는 물론, 약관 규제법 제3조에 따라 해당 약관 조항은 계약 내용으로 주장 못 한다. 여기서 보험회사가 설명해야 할 중요 내용이란 '보험 상품 내용', '보험료율의 체계', '보험 청약서상 기재사항의 변동' 및 '보험회사의 면책 사유' 등 보험 상품 계약에 영향을 끼칠 수 있는 사항을 말한다.

보험회사의 설명 의무 위반으로 인한 피해 유형은 대표적으로, 약관을 구체적으로 설명해주지 않은 경우, 약관의 내용과 다르게 상품을 설명한 경우, 약관의 내용과 다른 안내장이 있는 경우, 약관의 내용과 다른 약정서가 있는 경우, 약관의 내용과 다른 내용을 보험설계사가 자필로 기재해준 경우 등이 있다.

만약 보험회사에서 중요한 내용을 설명하지 않았다는 것이 입증되거나, 약관과 다른 안내장이나 약정서, 보험설계사의 자필 기재 내용이 있으면 약관 규제법에 따라 무효가 된다. 설명 의무 미흡에 따른 손해 배상을 청구하는 경우 그 위반 행위에 대한 증명 책임은 손해 배상을 청구하는 측에 있다.

요약하면 다음과 같다.

다툴 수 있는 경우	• 보험회사가 설명 의무를 이행했다는 사실을 입증하지 못하는 경우 • 약관의 내용과 다른 내용이 기재된 안내장이나 팸플릿이 있는 경우 • 보험설계사가 청약서 등에 자필로 약관과 다른 내용을 기재한 경우
다투기 어려운 경우	• 자필 서명 등 약관을 설명하지 않았다는 사실이 입증되지 않는 경우 • 중요한 내용이라 하더라도 보험 계약자나 그 대리인이 약관의 내용을 잘 알고 있는 경우 • 상식적으로 알 수 있는 내용이거나 법률에 기재된 내용을 되풀이 또는 부연하여 설명한 것에 지나지 않는 경우

✎ 관련 규정

상법 제638조의3(보험 약관의 교부·명시의무) ① 보험자는 보험 계약을 체결할 때에 보험 계약자에게 보험 약관을 교부하고 그 약관의 중요한 내용을 알려주어야 한다.

약관 규제법 제3조(약관의 작성 및 설명 의무 등) ③ 사업자는 약관에 정하여져 있는 중요한 내용을 고객이 이해할 수 있도록 설명하여야 한다. 다만, 계약의 성질상 설명하는 것이 현저하게 곤란한 경우에는 그러하지 아니하다.

④ 사업자가 제2항 및 제3항을 위반하여 계약을 체결한 경우에는 해당 약관을 계약의 내용으로 주장할 수 없다. [전문 개정 2010.3.22]

약관 규제법 제4조(개별 약정의 우선) 약관에서 정하고 있는 사항에 관하여 사업자와 고객이 약관의 내용과 다르게 합의한 사항이 있을 때에는 그 합의 사항은 약관보다 우선한다.

✎ 관련 판례

•대법원 2011.3.24. 선고 2010다96454 판결

보험자 및 보험 계약의 체결 또는 모집에 종사하는 자는 보험 계약을 체결할 때 보험 계약자 또는 피보험자에게 보험 계약의 중요한 내용에 대하여 구체적이고 상세한 명시·설명 의무를 지고 있으므로 보험자가 이러한 보험 약관의 명시·설명 의무에 위반하면 그 약관의 내용을 보험 계약의 내용으로 주장할 수 없다.

대법원 2010.3.25. 선고 2009다91316 판결

보험 가입 후 이륜자동차 운행 사실을 통지해야 한다는 사실을 설명해야 함.

 08

부제소 합의의 효력

부제소 합의란 서로 소를 제기하지 않기로 합의를 본 것을 말한다. 말하자면 사고 후 서로 원만히 해결하기로 한 것이다. 그렇지만 여기에도 분쟁의 씨앗은 있다. 예컨대 합의 후 치료비가 발생하거나, 합의 내용에 없는 후유 장애가 발생했을 경우, 나중에 합의금이 실제 손해 배상금에 비해 상당히 적은 것을 알게 된 경우 등이 그렇다.

이럴 때는 두 가지 사실을 알고 대응하는 것이 좋다. 우선, 부제소 합의는 원칙적으로 합의의 효력이 있어 권리 주장을 못 한다는 것이다. 즉, 한번 합의를 하면 돌이킬 수 없으니 주의해야 한다는 것이다. 그러나 합의 당시 불공정한 법률 행위(궁박, 경솔 또는 무경험)의 합의였거나, 합의 당시 예상하지 못했던 손해가 발생한 경우는 추가 손해에 대해 청구가 가능하다. 일단 합의를 하면 어렵지만 합의 자체에 무리가 있었고 그

후 상황이 많이 변했다면 추가 요구가 가능하다는 것이다. 구체적으로 살펴보면 다음과 같다.

다툴 수 있는 경우	•합의 후 다시 입원하거나 수술받는 등 합의금에 비해 더 많은 추가 치료비가 발생한 경우 •부상에 대해 합의했는데 합의 후 후유 장애가 발생한 경우 •지적 능력이 떨어지거나 한글을 모르는 등 혼자서 합의를 하기 어려운 사람이 실제 손해에 비해 작은 금액으로 합의한 경우
다투기 어려운 경우	•합의 시 향후 치료비를 받았는데 합의금을 크게 벗어나지 않는 추가 치료비가 발생한 경우 •본인에게 과실이 있어 과실 상계한 합의금이 적은 경우 •합의 당시 충분히 예상할 수 있었던 손해에 해당되는 경우

✎ 관련 규정

민법 제104조 (불공정한 법률 행위) 당사자의 궁박, 경솔 또는 무경험으로 인하여 현저하게 공정을 잃은 법률 행위는 무효로 한다.

✎ 관련 판례

•대법원 1991.12.13, 선고 91다30057 판결

합의 당시 보험회사로부터 받은 금액이 금 29만 4,540원에 불과한데 요추 수핵 탈출증이 발병하여 그 치료에 수백만 원이 소요되고 노동 능력 상실의 후유 장애가 남았다면 요추 4·5 염좌와 관련된 손해에 대하여만 합의하였을 뿐, 당시에 예상할 수 없었던 요추 수핵 탈출증 손해는 합의한 것으로 볼 수 없다고 한 사례.

•대법원 1997.4.11, 선고 97다423 판결

3세 8월 남짓 된 피해자의 모와 보험자 사이에 교통사고로 인한 손해액에 관하여 금 31만 9,600원에 합의가 성립되었으나, 그 후 38.8%의 노동 능력 상실이 인정되고 그에 따른 손해액이 금 4,449만 1,668원 정도로 산정된 사안에서, 나중에 밝혀진

후유 장애로 인한 손해에 대하여 당초 합의의 효력을 부정한 사례.

•대법원 2000.3.23, 선고 99다63176 판결

교통사고로 입은 우측 대퇴골 경부 골절상의 수술 후유증으로 남은 고관절 운동 제한이라는 후유 장애를 기초로 한 손해 배상 합의의 효력이 그 후에 판정받은 위 골절상으로 인한 우측 하지단축의 후유 장애에도 해당된다고 한 사례.

•대법원 2002.10.22, 선고 2002다38927 판결

궁박, 경솔, 무경험은 그중 일부만 갖추어져도 충분한데, '궁박'이라 함은 '급박한 곤궁'을 의미하는 것으로서 경제적 원인, 정신적 또는 심리적 원인에 기인할 수도 있으며, '무경험'이라 함은 일반적인 생활 체험의 부족을 의미하는 것으로서 거래 일반에 대한 경험 부족을 뜻하고, 당사자가 궁박 또는 무경험의 상태에 있었는지 여부는 그의 나이와 직업, 교육 및 사회 경험의 정도, 재산 상태 및 그가 처한 상황의 절박성 정도 등 제반 사정을 종합하여 구체적으로 판단하여야 하며, 상대방 당사자에게 그와 같은 피해 당사자 측의 사정을 알면서 이를 이용하려는 의사가 없었다거나 또는 객관적으로 급부와 반대급부 사이에 현저한 불균형이 존재하지 않는다면 불공정 법률 행위는 성립하지 않는다.

변액보험과 투자금

변액보험은 보험 사고가 발생했을 때 보험금이 지급되는 동시에 주식, 펀드 등에 납입 보험료를 투자하는 것으로 보장과 투자라는 두 가지 측면이 있다. 기본적으로 보험 상품이기 때문에 위험에 따른 보험료와 보험설계사 모집 수당, 회사 운영 자금 등 사업비를 공제하도록 설계되

어 있는데 보험 가입 시 이런 사실에 대해 설명하지 않아 분쟁이 자주 발생한다. 이런 이유로 2011년 1월 24일 보험업법 개정 시 적합성의 원칙을 도입하여 변액보험에 가입하기에 적합하지 않은 사람은 체결 확인서 등을 추가할 필요가 있도록 했다. 또한 2012년 7월부터 시행된 변액보험 제도 개선으로 보험회사는 사업비 수준, 원금(납입 보험료) 대비 수익률, 1쪽 분량의 '핵심 상품 설명서'를 기본으로 제공해야 하며 설계사가 설명 의무를 올바르게 이행했는지 전화로 확인(해피콜)해야 한다.

피해 유형은 대부분 투자 원금에서 보장성 보험료가 공제된다는 사실, 보험 상품이므로 중도에 해지하면 손해가 크다는 사실, 사업비와 보험료가 공제되므로 적립금이 납입 보험료를 초과하려면 장기 투자가 필요하다는 사실 등을 알리지 않거나 위험성이 큰데도 체결을 권유한 경우가 대부분이다. 이에 대해 다툴 수 있는 경우와 그렇지 못한 경우는 다음과 같다.

다툴 수 있는 경우	•납입한 보험료 중 위험 보험료와 사업비가 공제된다는 사실, 중도 해지 시 해지 환급금이 매우 작다는 사실, 원금 손실 가능성 등을 제대로 설명하지 않고 가입시킨 경우 •적합성의 원칙이 시행된 2011년 8월 이후 진단 결과와 상이한 상품을 청약했음에도 부적합 보험 계약 체결 확인서가 없거나 진단을 받지 않겠다는 확인서가 없는 경우
다투기 어려운 경우	•변액보험 등 투자형 보험에 대해 충분한 전문 지식을 가지고 있는 경우 •적합성 원칙 시행 후 부적합 보험 계약 체결 확인서나 적합성 진단을 원하지 않는다는 확인서를 작성한 경우 •보험설계사 등의 상품 설명 불충분에 대해 입증 자료가 없는 경우

✎ 관련 규정

보험업법 제95조의3(적합성의 원칙) ② 보험회사 또는 보험의 모집에 종사하는 자는 일반 보험 계약자의 연령, 재산 상황, 보험 가입의 목적 등에 비추어 그 일반 보험 계약자에게 적합하지 아니하다고 인정되는 보험 계약의 체결을 권유하여서는 아니 된다.

✎ 관련 판례

• 서울고법 2010.3.31, 선고 2009나97606 판결

1) 변액보험은 정액 보험과 달리 원금 손실의 위험성을 안고 있음에도 계약자들은 보험자의 사회적 신뢰성을 믿고 가입하는 경향이 있는 점에 비추어, 보험자는 보험 계약의 중요한 사항에 대하여 계약자들이 이를 이해하여 보험 계약 체결 여부를 자주적으로 판단할 수 있을 정도로 설명하여야 할 의무가 있다.

2) 적합성의 원칙을 위반하여 고객에게 투자를 권유한 경우에는 고객 보호 의무를 저버린 위법한 행위로 불법 행위가 성립한다.

3) 보험설계사의 설명 의무 위반 및 적합성 원칙의 위반 등 고객 보호 의무 위반행위는 보험 계약자에 대하여 불법 행위를 구성하므로 보험회사와 보험설계사가 보험 계약자가 입은 손해(납입한 보험료 합계액과 수령한 해약 환급금의 차액)를 배상할 책임이 있다.

4) 설명 의무 또는 적합성의 원칙 등을 위반한 투자의 권유는 투자자로 하여금 경솔하게 판단하도록 하는 것으로서 투자자의 과실을 야기하는 속성을 가지는데, 이처럼 와 같이 야기된 투자자의 과실은 이른바 '획책된 과실'로서 권유자의 위법과 별도로 평가할 수 없는 것이므로, 원칙적으로 과실 상계의 대상이 될 수 없다.

🗂 10
보험료 납입 최고 의무

보험료를 미납한 경우 보험회사는 상당 기간을 정해 납입 최고해야 한다. 이런 납입 최고 절차를 이행하지 않았다면 계약을 해지 못한다. 또한 납입 최고는 소비자에게 도달해야 하는데 보통 우편으로 보내면 납입 최고가 소비자에게 도달했다는 사실을 입증할 수 없어 절차를 이행하지 않은 것으로 간주한다. 보험설계사가 보험료 미납에 따른 독촉을 하는 경우도 있는데 보험설계사는 법적으로 초회 보험료 수령권만 있으므로 이는 적법한 절차에 의한 납입 최고가 아니다.

만약 보험 계약자와 피보험자가 다를 때는 누구에게 납입 최고를 해야 할까? 정답은 두 사람 모두에게다. 우리나라 상법은 보험 계약자와 피보험자가 다르면 피보험자에게도 납입 최고를 하고 그렇지 않으면 그 계약을 해제 또는 해지하지 못하도록 규정하고 있다. 따라서 보험 계약자에게만 납입 최고를 했다면 절차를 이행하지 않은 것이다.

주소나 전화번호가 변경되었을 경우는 어떨까? 비록 계약자가 바뀐 연락처를 알리지 않았더라도 회사 측에서 이를 충분히 알 기회가 있었다면 연락처가 바뀌었다고 해서 납입 최고 절차 없이 계약을 실효 처리한 것은 무효라는 게 법원의 판단이다.

대표적인 피해 유형은 다음과 같다.

피해 유형	•보험 사고 발생후 보험료 미납으로 실효된 사실을 알게 된 경우 •납입 최고서를 받지 못했는데 보험회사가 보통 우편으로 납입 최고한 경우 •보험설계사로부터만 보험료가 미납되어 실효된다는 사실을 통보받은 경우 •주소는 변경됐지만 전화번호는 그대로인데 주소지로만 납입 최고한 경우 •보험 계약자와 피보험자가 다른데 보험 계약자한테만 납입 최고한 경우
다툴 수 있는 경우	•피해유형처럼 적법한 절차에 따른 납입 최고를 받지 못한 상태에서 계약이 실효된 경우
다투기 어려운 경우	•납입 최고를 직계가족 등 대리권이 있는 사람이 수령했지만 본인에게 전달하지 않은 경우 •주소나 전화번호 변경된 사실을 보험회사에 알리지 않아 보험회사가 납입 최고를 할 수 없었던 경우

✎ 관련 규정

상법 제650조(보험료의 지급과 지체의 효과)② 계속 보험료가 약정한 시기에 지급되지 아니한 때에는 보험자는 상당한 기간을 정하여 보험 계약자에게 최고하고 그 기간 내에 지급되지 아니한 때에는 그 계약을 해지할 수 있다.

③ 특정한 타인을 위한 보험의 경우에 보험 계약자가 보험료의 지급을 지체한 때에는 보험자는 그 타인에게도 상당한 기간을 정하여 보험료의 지급을 최고한 후가 아니면 그 계약을 해제 또는 해지하지 못한다.

✎ 관련 판례

•대법원 1997.7.25. 선고 97다18479 판결

분납 보험료 체납 시 상법 제650조 소정의 최고 및 해지 절차 없이 곧바로 보험 계약이 해지 또는 실효되도록 하는 보험 약관은 무효이며, 피보험자가 주소 변경이나 전화번호 변경을 보험회사에 통지하지 않은 경우라도 보험회사가 상법 제650조

제2항의 최고 절차를 거치지 아니하고 보험 계약을 실효 처리한 것은 무효이다.

•대법원 2003.2.11. 선고 2002다64872 판결

보험 계약자와 피보험자가 다른 때에는 상법 제650조 제3항에 따라 피보험자에게도 상당한 기간을 정하여 보험료의 지급을 최고한 뒤가 아니면 그 계약을 해지하지 못한다.

11
고지 의무 위반을 근거로 한 해지

보험은 장래에 발생할 위험에 대해 보험금을 지급하는 만큼 계약 전 알릴 의무(고지 의무)를 두고 있다. 기존 치료 사실, 현재 신체 상태, 위험 직업 근무 여부 등이 그렇다. 이걸 계약 전에 알리지 않으면 보험회사로서는 손해를 보기 때문이다. 따라서 이를 근거로 강제 계약 해지가 가능하다.

게다가 알리지 않은 사실이 보험 사고의 발생과 인과관계에 있는 경우는 보험금을 안 줄 수도 있다. 그러나 모르고 그럴 수도 있지 않은가? 알리지 않은 모든 사항이 여기에 해당하지는 않는다는 것이다. 계약 전 알릴 의무 위반이 성립하려면 고의 또는 중과실이 있어야 한다. 사안이 중대해야 한다는 것이다. 그렇지 않으면 사소한 사항을 침소봉대해서 보험금을 지급하지 않을 이유로 만들 수 있기 때문이다.

만약 상법상 계약 전 알릴 의무를 위반했더라도 가입 후 3년이 경과했다면 해지 또는 보험금 지급을 거절할 수 없다(보험 약관은 사고 없이 2년 경과). 보험회사는 계약을 해지하려면 1월 내에 해야 하는데, 그 시작일

은 보험금 청구일이 아닌 손해사정조사 완료일이며 1월이 넘어서면 해지할 수 없다.

대표적인 피해 유형은 다음과 같다.

피해 유형	•가입 전.경미한 치료 사실을 알리지 않아 계약 해지나 보험금 미지급된 경우 •직장 건강 검진에서 이상 또는 재검 판정을 받았는데 이를 알리지 않은 경우 •보험설계사가 가입에 문제된다며 적극적으로 알리지 말라고 한 경우 •청약서 질문표는 읽어보지 않고 자필 서명만 한 경우
다툴 수 있는 경우	•경미한 계약 전 알릴 의무 위반으로 고의 또는 중과실이 없는 경우 •계약 전 알릴 의무 위반과 보험 사고가 상당한 인과관계가 없는 경우 •보험설계사의 적극적인 고지 의무 위반 요청으로 위반한 경우 -보험 계약의 이행 책임이 아닌 보험설계사에 대한 손해 배상 책임 발생
다투기 어려운 경우	•질문표에서 물어본 사항에 대한 고지 의무 위반이 명확한 경우 •보험설계사의 요청으로 허위의 고지를 한 뒤 자필 서명 및 해피콜에서는 실제로 고지한 것처럼 서명 및 녹취한 경우

✎ 관련 규정

상법 제651조(고지 의무 위반으로 인한 계약 해지) 보험 계약 당시에 보험 계약자 또는 피보험자가 고의 또는 중대한 과실로 인하여 중요한 사항을 고지하지 아니하거나 부실의 고지를 한 때에는 보험자는 그 사실을 안 날로부터 1월 에, 계약을 체결한 날로부터 3년 내에 한하여 계약을 해지할 수 있다. 그러나 보험자가 계약 시에 그 사실을 알았거나 중대한 과실로 인하여 알지 못한 때에는 그러하지 아니하다.

상법 제651조의 2(서면에 의한 질문의 효력) 보험자가 서면으로 질문한 사항은 중요한 사항으로 추정한다.

상법 제655조(계약 해지와 보험 금액 청구권) 보험 사고가 발생한 후에도 보험자가 제650조, 제651조, 제652조와 제653조의 규정에 의하여 계약을 해지한 때에는 보험 금액을 지급할 책임이 없고 이미 지급한 보험 금액의 반환을 청구할 수 있다. 그러나 고지 의무에 위반한 사실 또는 위험의 현저한 변경이나 증가된 사실이 보험 사고의 발생에 영향을 미치지 아니하였음이 증명된 때에는 그러하지 아니하다.

✎ 관련 판례

•대법원 2011.4.14. 선고 2009다103349, 103356 판결

상법 제651조에서 정한 '중요한 사항'이란, 객관적으로 보험자가 그 사실을 안다면 계약을 체결하지 않든가 적어도 동일한 조건으로는 계약을 체결하지 않으리라고 생각되는 사항을 말한다.

보험자가 고지 의무 위반을 이유로 보험 계약을 해지하기 위해서는 보험 계약자 또는 피보험자가 고의로 또는 중대한 과실로 인하여 이를 알지 못한 상태에서 고지 의무를 다하지 않은 사실이 증명되어야 한다. '중대한 과실'이란 고지사실은 알고 있었지만 현저한 부주의로 인하여 그 사실의 중요성의 판단을 잘못하거나 그 사실이 고지하여야 할 중요한 사실이라는 것을 알지 못하는 것을 말한다.

12
보험 약관 대출과 이자

보험 약관에는 해약 환급금의 범위 내에서 회사가 정한 방법에 따라 대출을 받을 수 있다고 규정하고 있다. 통상 해약 환급금의 70~80% 범위 내에서 대출을 하는데 이때 문제가 생길 수 있다. 빌린 돈을 못

갚는 경우 즉 연체되는 경우이다. 이때 이자를 내야 하나 말아야 하나 고민이 될지도 모르지만 우리 법에서는 이걸 미리 받은 돈으로 이해하여 별도의 이자를 인정하고 있지 않다. 판례를 보자.

2007년 9월 28일 대법원 전원 합의체 판결은 보험 약관으로 대출받은 경우는 일반적인 대출(소비 대출)이 아닌 보험금 또는 해약 환급금의 선급금 개념이므로 연체한 경우에 연체 이자를 징수할 수 없다고 판결하였다. 단, 대출에 따른 이자 청구는 보험 약관 대출이 선급금이라도 보험 상품의 운용, 법적 안전성 등을 고려할 때는 청구 가능한 것으로 판결하였다.

이에 금융감독원은 「보험업 감독 업무 시행 세칙」을 개정하여 2010년 10월 1일부터 연체 이자를 부과하지 않는 대신 대출 원금에 가산하도록 변경하고 있다.

위의 판결은 대법원 전원 합의체 판결이므로 판결 후 시행 세칙 변경 시까지 대출에 대한 연체 이자 징수 금액은 부당 이득 반환 청구 소멸 시효가 10년인 점을 감안할 때, 소송을 통해 연체 이자 부과 취소가 가능할 것으로 판단된다. 요약하면 다음과 같다.

피해 유형	•2010년 10월 1일 이전 보험 약관에 따른 대출 후 원리금을 갚지 못해 연체된 경우
다툴 수 있는 경우	•대법원 판결(2007.9.28) 이후부터 2010년 10월 1일 이전까지 보험 약관에 따른 대출 후 연체하여 보험회사에서 연체 이자를 별도로 부과한 경우
다투기 어려운 경우	•2010년 10월 1일 이후 대출 후 원리금을 갚지 못한 경우(연체 이자가 발생하지 않으므로 소비자 피해 없음)

✎ 관련 규정

「약관의 규제에 관한 법률」 제8조(손해 배상액의 예정) 고객에게 부당하게 과중한 지연 손해금 등의 손해 배상 의무를 부담시키는 약관 조항은 무효로 한다.

민법 제479조 (비용, 이자, 원본에 대한 변제 충당의 순서) ① 채무자가 1개 또는 수 개의 채무의 비용 및 이자를 지급할 경우에 변제자가 그 전부를 소멸하게 하지 못한 급여를 한 때에는 비용, 이자, 원본의 순서로 변제에 충당하여야 한다.

✎ 관련 판례

•대법원 2007.9.28. 선고 2005다15598 전원 합의체 판결

생명보험 계약의 약관에 보험 계약자는 보험 계약의 해약 환급금의 범위 내에서 보험회사가 정한 방법에 따라 대출을 받을 수 있고, 이에 따라 대출이 된 경우에 보험 계약자는 그 대출 원리금을 언제든지 상환할 수 있으며, 만약 상환하지 아니한 동안에 보험금이나 해약 환급금의 지급 사유가 발생한 때에는 위 대출 원리금을 공제하고 나머지 금액만을 지급한다는 취지로 규정되어 있다면, 그와 같은 약관에 따른 대출 계약은 약관상의 의무의 이행으로 행하여지는 것으로서 보험 계약과 별개의 독립된 계약이 아니라 보험 계약과 일체를 이루는 하나의 계약이라고 보아야 하고, 보험 약관 대출금의 경제적 실질은 보험회사가 장차 지급하여야 할 보험금이나 해약 환급금을 미리 지급하는 선급금과 같은 성격이라고 보아야 한다. 따라서 위와 같은 약관에서 비록 '대출'이라는 용어를 사용하고 있더라도 이는 일반적인 대출과는 달리 소비 대차로서의 법적 성격을 가지는 것은 아니며, 보험금이나 해약 환급금에서 대출 원리금을 공제하고 지급한다는 것은 보험금이나 해약 환급금의 선급금의 성격을 가지는 위 대출 원리금을 제외한 나머지 금액만을 지급한다는 의미이므로 민법상의 상계와는 성격이 다르다.

장해 지급률 분쟁은 제3의 병원에서

보험회사가 심사 단계에서 자기네 회사에 위촉된 자문 의사에게 자문을 의뢰하고 그 결과를 근거로 보험금을 삭감하는 경우가 많다. 다친 사람은 난데 판단은 자기들이 하겠다는 것이다. 보험회사 자문의는 환자를 직접 관찰하는 것이 아니라 진단서, 진료 기록부 등 서류만으로 검토하여 회신하는 경우가 대부분이라 분쟁의 소지가 많다. 의료법 제17조에 의하면 '환자를 직접 진찰하지 않거나 검안한 의사(불가피한 경우 같은 의료 기관 의사)가 아니면 진단서·검안서·증명서 등을 발급할 수 없도록 규정'하고 있기 때문이다. 따라서 보험회사의 의료 자문 회신에 대한 위법 논란이 제기되고 있다.

특히 보험회사가 보험 약관에 의거 의료 기관 등에 대해 서면 조사 요청에 대해 동의하지 않으면 보험금을 지급하지 않고 있다. 동의해야만 의료 자문을 거쳐 그 결과를 토대로 보험금을 산정하고 있기 때문이다.

그런데 보험회사에서 위촉한 자문 의사들은 보험회사로부터 건당 또는 정기적으로 자문료를 받기에 소비자가 공정성과 객관성에 의문을 제기하는 경우가 많다. 이럴 경우에는 보험 약관에 적힌 대로 제3자에 의한 신체 감정을 회사 측에 요구하자. 약관에는 장애 지급률에 대해 양 당사자가 합의하지 못하는 경우 종합 병원 전문의 중에서 양 당사자가 동의하는 제3자를 선택해서 신체 감정을 할 수 있고 비용은 보험회사가 부담하도록 규정하고 있기 때문이다.

피해 유형	•발급받은 장애 지급률을 보험회사가 인정하지 않는 경우 -보험회사가 자체 자문을 근거로 기왕증이 있다며 보험금 삭감한 경우 -보험회사가 자체 자문을 근거로 장애 지급률이 다르다며 삭감한 경우
다툴 수 있는 경우	•치료 병원 등에서 발급받은 후유 장애 진단서가 있는 경우 •보험회사의 자문 결과가 너무 상이하여 합의하기 어려운 경우
다투기 어려운 경우	•현재 상태에 비해 과다한 후유 장애 진단이 발급된 경우 •보험회사와 보험금 삭감 등에 합의한 경우

✎ 관련 보험 약관

•제3의 종합 병원 신체 감정

피보험자(보험 대상자)와 회사가 피보험자(보험 대상자)의 장애 지급률에 대해 합의에 도달하지 못하는 때에는 피보험자(보험 대상자)와 회사가 동의하는 제3자를 정하고 그 제3자의 의견에 따를 수 있습니다. 제3자는 의료법 제3조(의료 기관)의 규정에 의한 종합 병원 소속 전문의 중에서 정하며, 장애 판정에 소요되는 의료비용은 회사가 전액 부담합니다.

•서면 조사 요청 동의

계약자, 피보험자(보험 대상자) 또는 보험 수익자는 (알릴 의무 위반의 효과) 및 보험금 지급사유의 조사와 관련하여 의료 기관 또는 국민건강보험공단, 경찰서 등 관공서에 대한 회사의 서면에 의한 조사 요청에 동의하여야 합니다. 다만, 정당한 사유 없이 이에 동의하지 않을 경우에는 사실 확인이 끝날 때까지 회사는 보험금 지급 지연에 따른 이자를 지급하지 아니합니다.

•자동차보험 조사 협력(피보험 자동차 등에 대한 조사)

보험회사는 피보험 자동차 등에 관하여 필요한 조사를 하거나 보험 계약자 또는 피보험자에게 필요한 설명 또는 증명을 요구할 수 있습니다. 이 경우 보험 계약자, 피보험자 또는 이들의 대리인은 이러한 조사 또는 요구에 협력하여야 합니다.

14
보험회사가 고지 의무 위반을 안 날

앞서 살펴보았듯이 보험회사는 계약자가 계약 전에 알려야 할 사실을 알리지 않았다는 것을 이유로 보험 계약을 해지할 수 있다. 상법 제651조에 의하면 보험회사가 보험 계약자 또는 피보험자의 고의 또는 중과실로 계약 전 알릴 의무(고지 의무)를 위반한 경우 보험회사는 그 사실을 안 날로부터 1월내 계약을 해지할 수 있다. 이때 해지할 수 있도록 주어진 1월의 기간을 '제척 기간'(除斥期間)이라고 한다. 이는 그동안 권리를 행사하지 않으면 소멸되는 기간으로 소멸 시효와 달리 정지·중단이 없다.

그렇다면 회사 측에서 알게 되었다는 걸 어떻게 증명할 수 있을까? 법원 판례상 보험회사가 '그 사실을 안 날'은 보험금을 청구한 날이 아니라 고지 의무 위반 사실에 관한 확실한 증거를 확보한 때를 기준으로 한다. 보험회사가 손해사정을 의뢰한 경우에는 손해사정 보고서가 제출된 날을 '그 사실을 안 날'로 보고 있는데, 손해사정 중간 보고서와 최종 보고서의 내용이 같다면 손해사정 중간 보고서가 제출된 날을 기준으로 한다. 즉 손해사정 최종(중간) 보고서가 제출된 날을 기준으로 1월이 경과한 뒤 계약 해지 통보가 도달했다면 '제척 기간'이 경과하였으므로 해지 효력이 없다는 것이다. 요약하면 다음과 같다.

피해 유형	• 계약 전 알릴 의무(고지 의무) 위반을 이유로 계약을 해지한 경우 • 보험금 청구후 1월이 지난 뒤 계약을 해지한 경우 • 보험회사가 자체 자문을 근거로 장애 지급률이 다르다며 삭감한 경우
다툴 수 있는 경우	• 고지 의무 위반 사항에 대한 손해사정 중간 보고서와 최종 보고서의 내용이 동일함에도 최종 보고서 제출일 기준으로 제척 기간을 산정한 경우 • 1월이 경과한 뒤 계약 해지를 통보받은 경우
다투기 어려운 경우	• 손해사정 보고서 제출일이 아닌 보험금 청구일로부터 1월이 경과한 경우 • 고지 의무 위반 사실에 대해 손해사정 중간 보고서와 최종 보고서가 상이한데 중간 보고서 제출일로부터 1월이 경과한 경우

✎ 관련 규정

상법 제651조(고지 의무 위반으로 인한 계약 해지) 보험 계약 당시에 보험 계약자 또는 피보험자가 고의 또는 중대한 과실로 인하여 중요한 사항을 고지하지 아니하거나 부실의 고지를 한 때 보험자는 그 사실을 안 날로부터 1월 내에, 계약을 체결한 날로부터 3년 내에 한하여 계약을 해지할 수 있다. 그러나 보험자가 계약 당시에 그 사실을 알았거나 중대한 과실로 인하여 알지 못한 때는 그러하지 아니하다.

✎ 관련 판례

• 대법원 2002.4.26. 선고 2002다7589 판결

보험자가 고지 의무 위반을 이유로 계약을 해지하고자 하는 때에는 먼저 고지 의무 위반 사실을 구체적으로 입증하여야 하는 점에 비추어 볼 때, 위와 같은 해지권 행사 기간의 기산점으로서 '보험자가 고지 의무 위반 사실을 안 날'이라 함은 단순히 고지 의무 위반 사실이 있음을 의심할 만한 사유가 있다고 믿은 때가 아니라 고지 의무 위반 사실에 관한 확실한 증거를 확보한 때를 기준으로 판단함이 상당하다.

•대법원 2008.6.26. 선고 2008다24791 판결

원고가 손해사정 회사로부터 손해사정 중간 보고서를 제출받은 2006. 9. 27. 피보험자의 직업 또는 직무의 변경 사실을 알았다고 보아 그날을 제척 기간의 기산점으로 삼은 조치는 옳은 것으로 수긍이 가고, 거기에 상고 이유의 주장과 같은 채증 법칙 위배나 보험 계약 해지의 제척 기간 도과에 관한 법리 오해 등의 위법이 있다고 할 수도 없다.

15
보험 해지에 따른 원금 손해

보험을 해지하면 환급금을 받는다. 당연히 이 환급금은 해지 시기에 따라 액수가 다르다. 해약 환급금의 산출 방법은 금융감독원에서 인가받은 약관에서 정한 '보험료 및 책임 준비금 산출 방법서'에 따른다.

그런데 보험 상품은 근본적으로 위험 보장이 필요하고 보험회사의 운영비인 사업비를 납입한 원금에서 공제하기 때문에 원금 전부가 투자되지 않는다. 원금(납입 보험료) 중 일부는 사고 발생 시 지급할 보험금의 재원이고 일부 금액은 신계약비(모집 수수료), 유지비, 수금비 등의 사업비로 공제한다. 통상 저축성 보험에서 위험 보험료는 납입 원금 대비 1~2% 내외, 사업비는 8~10% 정도 공제하므로 이를 합산하면 원금 대비 약 90% 내외 금액만 적립한다.

사업비 중 신계약비(모집 수수료)에 대해 보험회사는 새로운 계약을 모집한 보험설계사에게 판매 수당을 초회 또는 초년도에 거의 대부분 지급하고 이 금액을 7년 이내 균등해서 상각하는 방식을 취하고 있는데,

이는 초기에 계약을 해지하는 보험 계약자에게 남은 기간의 신계약비를 모두 공제하기 때문에 매우 불리한 방식이다. 그러나 이러한 사실을 알고 있는 계약자는 많지 않다. 월 복리 등 고수익 보장 상품으로 알고 가입했는데, 중간에 해지하면서 원금마저 손해 보는 경우, 은행 저축 상품으로 착각하여 납입 금액 전부 적립된다고 생각하거나 납입한 원금에서 보험회사 사업비와 위험 보험료가 차감되어 공제되고 나머지 금액만 적립된다는 사실을 몰랐던 경우가 허다하다. 다음을 참고하여 회사 측에 항의하자.

다툴 수 있는 경우	•저축성 상품 가입 시 투자 적합성의 원칙 및 중도해지 원금 손실 등에 대해 충분한 설명을 듣지 못한 경우 •청약 철회 기간, 계약 취소 기간이 경과하지 않은 경우
다투기 어려운 경우	•보험설계사 설명 불충분에 대해 계약자 주장만 있고 입증 자료가 없는 경우 •청약서 및 적합성 원칙 등 안내 자료에 서명하고 해피콜도 인정한 경우

✎ 해약 환급금 산출 방식

=순보험료식 보험료 적립금－해약 공제액((12×7년－납입 경과 기간 월 수)/(12×7년)×예정 신계약비)

✎ 관련 판례

•부산지방법원 2011.4.20. 선고 2010가합7631 판결

보험이 연 10% 이상의 수익률이 발생하여 3년 후 해지 환급금이 원금 상당액이 될 것이라는 점만을 강조하고 그 운용 방법이나 투자 수익률에 따라서는 원금 손실이 발생할 수 있고 원금보장을 위해서는 장기간 보험 계약이 유지되어야 하는 점 등에

관하여는 제대로 설명하지 않았다면, 이는 원고에게 이 사건 각 보험에 수반되는 위험성에 대한 올바른 인식 형성을 방해하거나 또는 경제 상황에 비추어 원고가 목적하는 원금 보장에 중대한 위험성을 수반할 수도 있는 거래를 적극적으로 권유한 행위이자 원고에 대한 보호 의무를 저버린 부당 권유 행위에 해당한다.

•대법원 2010.11.25. 선고 2010다39192 판결

피고가 원고로부터 위 해지 환급금과 미납 보험료를 받은 것은 원고의 보험금 지급에 관한 민원을 합의에 의하여 해결하려는 취지에서였을 뿐 보험 계약의 해지를 아무런 조건 없이 철회하려는 의사는 아니었으므로, 합의가 무산되어 원고는 약정 보험금의 지급을 구하는 소를 제기하고 피고는 위와 같이 받은 해지 환급금과 미납 보험료를 원고에게 다시 돌려준 이상, 이 사건 보험 계약의 해지가 원·피고 사이의 완전한 의사 합치에 따라 적법하게 철회되지 않았다고 본 판례.

보험은 '빽도'가 없다

보험을 유지하다 보면 약관의 변경이나 개정을 이유로 보장 내용을 축소하거나 개별 약정을 이유로 약관보다 불이익한 조항을 적용하는 경우가 있다. 계약자는 회사에서 그렇다고 하니 그냥 그렇게 하라고 넘어가기 일쑤지만 뭔가 일방적으로 손해를 보는 거 같아 찜찜할 때가 많다. 사실 보험 전문가인 보험회사에 비해 개인 계약자는 상대적으로 잘 알지 못하기 때문이다.

이에 보험 계약자를 보호하기 위해 상법은 제4편 「보험」에 대해 당사자 간의 특약으로 소비자(보험 계약자, 피보험자, 보험 수익자, 배상 책임에서

피해자)에게 불리하게 변경하지 못하도록 규정하고 있다. 물론 유리하게 변경하는 것은 인정된다. 다만, 재보험, 해상 보험, 기타 이와 유사한 보험 등 보험회사와 거의 대등한 보험 지식을 가질 수 있는 기업 보험의 경우는 적용에서 제외된다.

상법 제663조에 위배된 약관 조항이 있을 경우 약관 조항 전체가 무효가 아니라 해당된 약관 조항만 무효가 되어 이를 계약의 내용으로 주장 못 한다. 또한 상법에 없는 약관 조항 그 자체만으로 불이익한 것은 아니며, '약관 규제에 관한 법률'에 비추어 불공정한지 여부를 판단한다. 또한 상법 제4편 「보험」 법규 중 "당사자 간의 특약이 있을 경우~" 에 해당하는 임의 법규가 있을 경우는 개별 특약이 우선할 수 있다.

다툴 수 있는 경우	•보험 가입 당시 약관이 아닌 변경된 약관 조항을 근거로 주장하는 경우
다투기 어려운 경우	•가계 보험이 아닌 기업 보험 성격의 보험인 경우 •개별 특약이 인정되는 경우에 있어 개별 특약에 의해 변경된 경우

✎ 관련 규정

상법 제663조(보험 계약자등의 불이익 변경 금지) 이 편의 규정은 당사자 간의 특약으로 보험 계약자 또는 피보험자나 보험 수익자의 불이익으로 변경하지 못한다. 그러나 재보험 및 해상 보험 기타 이와 유사한 보험의 경우에는 그러하지 아니하다.

[개정 91.12.31]

✎ 관련 판례

•대법원 2002.6.28. 선고 2002다22106 판결

영업 배상 특약 보험 계약에 관한 보통 약관 제4조 제2항 ③은 피보험자가 지급한 소송 비용, 변호사 비용, 중재, 화해 또는 조정에 관한 비용 중에서 피보험자가 미리 보험자의 동의를 받아 지급한 경우에만 보험금을 지급하도록 규정하고 있는데, 이러한 제한 규정을 보험자의 "사전 동의"가 없으면 어떤 경우에나 피보험자의 방어 비용을 전면적으로 부정하는 것으로 해석하는 한에서는 이러한 약관 조항으로 인하여 피보험자의 방어 비용을 보험의 목적에 포함된 것으로 일반적으로 인정하고 있는 상법 제720조 제1항의 규정을 피보험자에게 불이익하게 변경하는 것에 해당하므로 상법 제663조에 반하여 무효라고 볼 것이다.

• 대법원 2010.3.25. 선고 2009다38438 판결

피보험자가 의도적인 자해에 의한 중독 또는 손상으로 인하여 사망함으로써 피보험자의 사인이 '한국 표준 질병 · 사인 분류'상 고의적 자해(X60~X84)로 분류되더라도 피보험자에게 사망에 대한 고의가 없었던 경우에는 보험 사고가 전체적으로 보아 고의로 평가되는 행위로 인한 사고가 아니므로 그 경우에 관한 한 면책 약관은 무효라고 보아야 한다. 평소 부탄가스를 흡입한 경험이 있어 그 증상을 충분히 인지하였음에도 술에 취한 상태에서 스스로 부탄가스를 흡입하다가 흡입량 과다로 사망한 경우, 사망이라는 결과를 의도하지 아니하였다면 사망이 전체적으로 보아 고의로 평가되는 행위로 인한 것이라 할 수 없다.

 17
보험설계사의 법적 권한

일반적으로 보험에 가입할 때 보험설계사로부터 보험 상품에 대해 설명을 듣고, 청약서를 작성한다. 그러면서 혹시 아픈 곳은 없는지, 위험한

일을 하고 있지는 않은지 등을 설계사와 이야기한다. 그래서 나중에 문제가 생겼을 때 계약자는 설계사와 상의했다고 항변한다. 그러나 보험 설계사는 일반 소비자들이 생각하는 것과 달리 보험 계약 체결 대리권이나 고지 의무 수령권 등의 법적 권한이 없다.

보험설계사에게 부여된 권한은 오직 제1회 보험료 수령권뿐이다. 그 외에는 거의 없다. 즉, 보험 계약자로부터 청약서를 받아 보험회사에 전달하는 보험 보조자로서의 역할만 있는 것이다. 따라서 소비자가 고지 의무 사항을 고지 의무 수령권이 없는 보험설계사에게만 알렸을 경우 이를 사유로 보험금 지급 거절 및 계약 해지도 가능해진다.

보험료 납입 유예, 계약 부활권, 계약 해지권도 보험설계사의 권한이 아니다. 보험 약관과 다르게 보험설계사가 설명한 경우 보험회사를 대리하는 권한이 보험설계사에게 없어 대리권은 불인정하는 경우도 있다. 때문에 보험 계약자도 과실 적용이 가능해진다. 즉, 보험설계사만 의지했다가는 큰코다칠 수 있다는 것이다. 분쟁 시 보험설계사의 과실이 명백하면 모를까 이걸 입증할 수 없다면 손해를 볼 수밖에 없다. 요약하면 다음과 같다.

피해 유형	•보험설계사에게만 고지 의무 사항을 알린 경우 •보험설계사의 설명만 믿고 있었는데 실제로는 약관의 내용과 다른 경우
다툴 수 있는 경우	•보험설계사의 과실에 따른 손해 배상 가능
다투기 어려운 경우	•보험설계사의 과실을 입증할 수 없는 경우

✎ 보험업법상 모집 종사자(보험설계사 등) 모집 관련 준수 사항

1. 보험 계약 중요한 사항 설명 의무

2. 보험 가입에 적합하지 않은 경우 보험 계약 체결 권유 금지

3. 보험 상품 광고 시 허위 과장광고 금지

4. 동일한 위험 보장하는 보험 계약 중복 체결 확인

5. 보험 상품 내용을 사실과 다르게 알리거나 중요한 사항을 알리지 않는 행위

6. 객관적 근거 없이 다른 보험 상품과 비교, 우수하거나 유리하다고 알리는 행위

7. 보험 계약자나 피보험자의 고지를 방해하거나 알리지 말도록 권유하는 행위

8. 보험 계약자나 피보험자의 고지를 부실하게 알리도록 권유하는 행위

9. 이미 성립된 계약 소멸하고 새로운 계약을 청약하게 하는 행위

10. 실제 명의자가 아닌 계약 체결이나 실제 명의인 동의 없는 보험 계약 체결

11. 자필 서명을 받지 않고 대신 서명하거나 다른 사람이 서명하게 하는 행위

12. 다른 모집 종사자의 명의를 이용하여 보험 계약 체결하는 행위

13. 보험 계약자와의 금전 거래를 이용하여 보험 계약을 체결하는 행위

14. 장애인의 보험 가입을 거부하는 행위

15. 보험료를 할인하거나 수수료를 지급하는 등 특별 이익을 제공하는 행위

16. 보험 대리점 또는 보험 중개사의 자기계약은 1/2 초과 금지

—이상의 내용 위반 시 벌칙 조항 및 제102조에 의한 손해 배상이 가능하다.

보험금 청구 연한

보험금 청구와 관련해서는 상법 규정에 따라 2년 동안 보험금 청구가

가능하고 자동차보험의 피해자처럼 손해 배상 청구를 하는 경우에는 민법에 따라 3년간 손해 배상 청구가 가능하다. 다만, 심신 상실(의식 불명 등), 금치산자 등 행위 무능력자는 소멸 시효 기간 만료 전 6개월 내 무능력자의 법정 대리인이 없으면 소멸 시효는 정지한다. 이어서 각종 보험금 청구의 시효와 관련한 내용을 살펴보자.

손해 배상 청구권은 피해자나 그 법정 대리인이 그 손해 및 가해자를 안 날부터 3년간 행사하지 아니하면 시효로 소멸된다. 통상 상해 사고는 피해자가 상해를 입었을 때 그 손해를 알았다고 볼 수 있지만, 그 후 후유증 등으로 불법 행위 당시에는 전혀 예견할 수 없었던 새로운 손해가 발생하였다거나 예상 외로 손해가 확대된 경우에는 그러한 사유가 판명된 때에 새로이 발생 또는 확대된 손해를 알았다고 본다.

보험료 반환 청구의 경우 보험 계약자는 보험회사를 상대로 2년간 청구가 가능하고, 보험회사는 보험 계약자를 상대로 1년간 청구하지 않으면 소멸 시효가 완성되어 청구할 수 없다.

상법은 보험료 반환 청구권 2년만 규정하고 있을 뿐 소멸 시효의 기산점(시작일)에 대해서는 아무런 규정이 없다. 이에 대해 법원은 무효가 된 보험 계약에 대해 보험료 반환 청구권은 특별한 사정이 없는 한 전체 보험료가 아닌 각각 납부한 보험료별로 산정하여 2년이 경과된 보험료는 청구할 수 없다고 판결한 바 있다.

요약하면 다음과 같다.

피해 유형	• 보험 가입 여부를 몰라서 장기간 동안 청구하지 못한 경우 • 치료 종결 또는 후유 장애 판정까지 기다리다가 청구 기간이 지나간 경우
다툴 수 있는 경우	• 소멸 시효가 완성되지 않았거나 시효 중단 등 특별한 사정이 있는 경우
다투기 어려운 경우	• 소멸 시효가 이미 완성된 경우

✎ 관련 규정

상법 제662조

보험 금액의 청구권과 보험료 또는 적립금의 반환 청구권은 2년간, 보험료의 청구권은 1년간 행사하지 아니하면 소멸 시효가 완성한다.

✎ 관련 판례

• 대법원 2011.3.24. 선고 2010다92612 판결

상법 제731조 제1항을 위반하여 무효인 보험 계약에 따라 납부한 보험료에 대한 반환 청구권은 특별한 사정이 없는 한 보험료를 납부한 때에 발생하여 행사할 수 있다고 할 것이므로, 위 보험료 반환 청구권의 소멸 시효는 특별한 사정이 없는 한 각 보험료를 납부한 때부터 진행한다.

• 대법원 2010.5.27. 선고 2009다44327 판결

민법 제179조는 "소멸 시효의 기간 만료 전 6개월 내에 무능력자의 법정 대리인이 없는 때에는 그가 능력자가 되거나 법정 대리인이 취임한 때로부터 6월 내에는 시효가 완성하지 아니한다"고 정하여, 금치산자 등 행위 무능력자에게 법정 대리인이 없어서 그의 권리를 행사할 수 없는 경우에 대하여 소멸 시효의 정지를 명문으로 정하여 소멸 시효의 완성을 막음.

• 대법원 2010.4.29. 선고 2009다99105 판결

후유증 등으로 인하여 불법 행위 당시에는 전혀 예견할 수 없었던 손해가 발생하였다거나 예상 외로 손해가 확대된 경우에는 그러한 사유가 판명된 때에 새로이 발생 또는 확대된 손해를 알았다고 보아야 하고, 새로이 발생 또는 확대된 손해 부분에 대하여는 사유가 판명된 때로부터 시효 소멸 기간이 진행된다.

암보험금 지급 요건

암에 걸린 사람들은 암의 종류에 대해 세세하게 알지 못하는 경우가 많다. 예컨대 점막내암의 경우 이를 약관에서 보장하는 암으로 볼 수 있느냐 없느냐를 두고 다툼이 벌어진 경우가 잇다. 예컨대 의료 기관에서는 점막내암을 악성 신생물(C코드)로 진단하였으나 보험사는 점막내암이 '악성 신생물'이 아니라는 판단으로 모씨에게 지급할 보험료를 삭감한 바 있다. 이렇게 된 이유는 점막내암을 보험금 지급 기준이 되는 '한국표준 질병사인 분류'에서 상피내암과 악성 신생물 모두로 해석이 가능하기 때문이다. 여기서 '악성 신생물'이란 우리가 보통 '암'으로 일컫는 질병을 말한다.

국내 의료진의 대부분이 대장의 점막내암을 상피내암으로 보는 것이 사실이고, 다른 나라의 경우도 그렇다. 즉 해당 질병을 '암'으로 보지 않는 게 다수라는 것이다. 다만, 보험 약관에서 대장암과 상피내암을 분류하는 기준은 TNM 병기가 아닌 '한국표준 질병사인 분류'로 동 분류에 의할 경우 두 가지 모두 해석이 가능하다는 난점이 있다.

그러나 비록 소수이지만 국내 의료진 일부는 대장의 점막내암을 상피내암으로 보지 않고 '악성 신생물'로 보고 있다. 이렇듯 약관 조항이 여러 가지로 해석이 가능한 경우는 작성자인 보험회사에 불리하게 해석한다는 원칙이 있으므로 보험회사는 대장암 진단에 따른 보험금을 지급해야 한다. 물론 의료 기관에서 이를 상피내암(D코드)으로 진단했다면 다투기가 어렵다.

✎ 관련 규정

약관의 규제에 관한 법률 제5조(약관의 해석) ② 약관의 뜻이 명백하지 아니한 경우에는 고객에게 유리하게 해석되어야 한다.[전문 개정 2010.3.22]

✎ 관련 판례

•대법원 2010.12.9, 선고 2009다60305 판결

암보험 계약의 약관에서 암과 상피내암 여부에 따라 암 치료 자금과 수술 자금을 달리 지급하는데, 제3차 '한국표준 질병사인 분류'의 기본 분류상 악성 신생물로 분류되는 질병을 '암'으로, 상피내의 신생물로 분류되는 질병을 '상피내암'으로 규정한 사안에서, 국내 의료계의 다수가 피보험자의 질병인 '구불결장의 점막고유층에 국한된 관상선종'을 상피내 암종으로 분류할 수 있다는 견해를 취하고 있지만, 위 약관에서 보험 사고 내지 보험금 지급액의 범위를 정하는 기준으로 규정한 '한국표준 질병사인 분류'의 분류 기준과 그 용어에 충실하게 피보험자의 질병과 같은 점막내 암종을 상피내암이 아니라 암으로 보는 해석이 가능하고 그 객관성과 합리성도 인정되므로, 위 약관이 규정하는 '상피내암'은 객관적으로 다의적으로 해석되어 약관 조항의 뜻이 명백하지 아니한 경우에 해당하므로, 약관의 규제에 관한 법률 제5조 제2항 이 규정하는 작성자 불이익의 원칙을 적용하여 위 약관이 규정하는 상피내암은 점막내 암종을 제외한 상피내 암종만이 해당한다고 제한 해석해야 한다고 한

사례.

•대법원 2011.4.28, 선고 2011다1118 판결

약관의 해석은, 신의성실의 원칙에 따라 당해 약관의 목적과 취지를 고려하여 공정하고 합리적으로 해석하되, 개개 계약 당사자가 기도한 목적이나 의사를 참작함이 없이 평균적 고객의 이해가능성을 기준으로 객관적·획일적으로 해석하여야 하며, 위와 같은 해석을 거친 후에도 약관 조항이 객관적으로 다의적으로 해석되고 그 각각의 해석이 합리성이 있는 등 당해 약관의 뜻이 명백하지 아니한 경우에는 고객에게 유리하게 해석하여야 한다.

이 사건 각 보험 계약의 보험 사고 내지 보험금 지급액의 범위와 관련하여 이 사건 각 보험 계약의 약관이 규정하는 상피내암은 객관적으로 다의적으로 해석되어 약관 조항의 뜻이 명백하지 아니한 경우에 해당하므로, 약관의 규제에 관한 법률 제5조 제2항이 규정하는 작성자 불이익의 원칙을 적용하여 여기에는 점막내 암종을 제외한 상피내 암종(intraepithelial carcinoma)만이 해당한다고 제한 해석함이 상당하다.

20
시설 내에서 입은 부상

민법에서는 시설물의 하자로 인해 신체나 재산상의 손해가 있을 경우 1차적으로 점유자(그 시설을 현재 사용하는 사람)에게 책임을 묻되, 점유자의 과실이 없는 경우 시설물 소유자에게 책임을 묻고 있다.

　점유자는 과실이 있는지와 상당한 주의를 기울였는지에 따라 책임 발생 여부가 달라지는데, 과실이 없거나 과실이 있다하더라도 시설물 자체의 하자로 인해 상당한 주의를 기울였더라도 발생할 수밖에 없었다

면 점유자는 책임을 지지 않는다.

시설 소유자는 시설물의 하자가 있다면 과실이 없거나 상당한 주의를 기울였다 하더라도 책임을 진다. 즉 공작물 설치 또는 보존상에 하자가 있는 한 그로 인한 손해에 대하여는 소유자가 책임을 면하지 못한다는 뜻이다. 예를 들어 미끄러운 재질로 바닥면을 시공한 건물의 경우 아무리 물기를 없애고 위험하다는 표지를 붙여놓았다 하더라도 시설물의 설치상 하자가 있으므로 책임을 져야 한다는 뜻이다.

또한 대부분의 큰 건물이나 시설물은 배상 책임 보험을 가입하고 있는데, '구내 치료비 담보 특약'에 가입됐는지 확인해야 한다. '구내 치료비 담보 특약'에 가입한 경우 전적으로 피해자 잘못이라 하더라도 무조건 시설물 내에서 발생한 신체 손해에 대해서는 일정 금액(통상 100만 원 내외) 한도로 실제로 발생한 치료비를 지급하고 있다.

요약하면 다음과 같다.

피해 유형	•건물에서 물기나 바닥의 재질 등으로 미끄러워 넘어져 다친 경우 •시설의 날카로운 부분에 의해 베거나 찔려 다친 경우 •시설의 안전상 하자 등으로 인해 신체, 재산상의 손해가 발생한 경우
다툴 수 있는 경우	•'공작물의 설치 또는 보존의 하자'라 함은 공작물이 그 용도에 따라 통상 갖추어야 할 안전성을 갖추지 못한 상태에 있음을 말함. •하자가 있는지 여부는 당해 공작물의 설치·보존자가 그 공작물의 위험성에 비례하여 사회 통념상 일반적으로 요구되는 정도의 방호조치 의무를 다하였는지의 여부를 기준으로 함.
다투기 어려운 경우	•시설물의 설치 또는 보존상의 하자 없이 전적으로 피해자의 과실로 인해 발생한 경우. 다만, '구내 치료비 담보 특약'에 가입한 경우라면 가입 금액 한도로 실제 발생한 치료비는 지급받음.

✎ 관련 규정

민법 제758조(공작물 등의 점유자, 소유자의 책임) ① 공작물의 설치 또는 보존의 하자로 인하여 타인에게 손해를 가한 때에는 공작물 점유자가 손해를 배상할 책임이 있다. 그러나 점유자가 손해의 방지에 필요한 주의를 해태하지 아니한 때에는 그 소유자가 손해를 배상할 책임이 있다.

✎ 관련 판례

•대법원 2006.1.26. 선고 2004다21053 판결

민법 제758조 제1항에 규정된 공작물의 설치 · 보존상의 하자라 함은 공작물이 그 용도에 따라 통상 갖추어야 할 안전성을 갖추지 못한 상태에 있음을 말하는 것으로서, 이와 같은 안전성의 구비 여부를 판단함에 있어서는 당해 공작물의 설치 · 보존자가 그 공작물의 위험성에 비례하여 사회 통념상 일반적으로 요구되는 정도의 방호 조치 의무를 다하였는지의 여부를 기준으로 삼아야 할 것이므로, 공작물에서 발생한 사고라도 그것이 공작물의 통상의 용법에 따르지 아니한 이례적인 행동의 결과 발생한 사고라면, 특별한 사정이 없는 한 공작물의 설치 · 보존자에게 그러한 사고에까지 대비하여야 할 방호조치 의무는 없다.

재해(상해) 사망 사고의 입증 책임

'재해'(상해)란 급격하고 우연한 외래의 사고를 말한다. 그렇다면 무엇이 사망을 유발한 '재해'에 해당할까? 기준은 인과관계 여부다. 즉, 그 일로 죽음에 이르러야 한다는 것이다. 하지만 직접적인 영향을 미치지 않은 경우도 있어 분쟁의 요인이 된다.

예컨대 부검을 하지 않아 재해 사고 여부가 불분명한 경우가 그렇다. 죽음이 재해 때문이라는 게 의학적으로 명백하지는 않지만 경험칙상 재해 사고로 추정되거나, 정황상 재해 사고로 볼 수 있는 경우도 있다. 이런저런 이유로 보험회사가 보험금 지급을 거절할 수 있기 때문에 이에 대해 다음과 같은 지식이 필요하다. 재해 사고의 입증 책임이 보험금 청구권자에게 있기 때문이다.

민사 분쟁에서 인과관계는 반드시 의학적·자연과학적으로 명백히 입증되어야 하는 것이 아니라 경험상 어떤 사실이 어떠한 결과를 초래하였다고 시인할 수 있는 고도의 개연성이면 인과관계가 성립한다고 보고 있다.

보험 약관상의 '상해의 직접 결과로 사망하였을 때'의 의미도 반드시 의학적인 인과관계가 있어야 하는 것은 아니므로, 사망이 상해와 직접적인 관계가 없더라도 적어도 그 상해로 인한 영향이 사망의 원인에 겹쳐서 사망을 유발 또는 촉진시켰다는 입증이 있다면 인과관계가 성립되는 것이다.

다만, 부검을 하지 않은 경우 부검을 통해 사망 원인이 명확히 밝혀진 경우보다 더 유리하게 사망 원인을 추정할 수 없으므로 최소한 간접 증거로서 사망과 재해 사이에 인과관계를 입증할 필요가 있다.

요약하면 다음과 같다.

다툴 수 있는 경우	•사망이 재해 사고로 인한 것임이 명백하지 않지만 경험칙 또는 정황 증거상 재해 사고로 사망했다는 인과관계가 입증된 경우 •경찰 조사 결과와 의무 기록 등에서 재해와 사망 사고와 상당한 인과관계가 있다는 것이 입증될 정도의 간접 증거가 있는 경우

다투기 어려운 경우	•우연한 외래의 사고라는 사실이 직접적인 증거는 물론 최소한의 간접적 증거로서도 나타나지 않는 경우 •우연한 외래의 사고는 맞지만 급격하게 발생한 것이 아니라 수 개월 내지 수년간에 걸쳐 서서히 발생한 경우 •기왕증으로 인해 발생했으며 외부 요인이 일부 있지만 사망에 영향을 미칠 만한 정도가 아닌 경미한 경우

✎ 관련 판례

•대법원 2010.9.30. 선고 2010다12241 판결

의사의 사체 검안만으로 망인의 사망 원인을 밝힐 수 없음에도 유족의 반대로 부검이

이루어지지 않은 경우, 그로 인한 불이익은 사망 원인을 밝히려는 증명 책임을

다하지 못한 유족들이 감수해야 함.

•대법원 2000.3.28. 선고 99다67147 판결

민사 분쟁에 있어서의 인과관계는 의학적 · 자연과학적 인과관계가 아니라 사회적 ·

법적 인과관계이고, 그 인과관계는 반드시 의학적 · 자연과학적으로 명백히 입증되

어야 하는 것은 아닌바, 사망이 상해와 직접적인 관계가 없더라도 적어도 그 상해로

인한 영향이 사망의 원인에 겹쳐서 사망을 유발 또는 촉진시켰다면 그 사이에 인과관

계가 있다고 보아야 할 것임.

•대법원 1990.6.26. 선고 89다카7730 판결

민사 소송에 있어서의 인과관계의 입증은 경험칙에 비추어 어떠한 사실이 어떠한

결과 발생을 초래하였다고 시인할 수 있는 고도의 개연성을 증명하는 것이며 그

판정은 통상 인이라면 의심을 품지 아니할 정도로 진실성의 확신을 가질 수 있는

것임이 필요하고 또 그것으로 족하다 할 것임.

여행자보험은 여행사의 배상 책임과 별개이다

여행 보험은 두 가지 성격을 가지고 있다. 기본적으로 여행 도중에 발생하는 급격하고 우연한 외래의 사고로 신체에 상해를 입었을 경우 그 상해로 인한 손해를 보상하는 일종의 '상해보험'과 피보험자인 여행객이 여행 도중 질병에 걸렸을 때 의료비를 지급하는 질병보험의 성격이 그것이다. 즉 특정 기간 동안의 사고와 질병을 보장하는 보험인 셈이다.

그런데 여행사의 고의 또는 과실로 사고가 발생한 경우 여행사 측에서 여행자보험에 가입했으므로 별도로 배상을 하지 않겠다거나 자기들이 배상할 테니 대신 여행자보험금을 공제하겠다고 하는 경우가 있다. 즉, 둘 다 줄 수는 없다는 거다. 그런데 이게 과연 합당한 말일까? 그렇지 않다.

상법 제729조(제3자에 대한 보험 대위의 금지)에 따라 인(人)보험의 경우 보험 수익자를 보호하기 위해 손해보험과 달리 보험금을 지급받는다 하더라도 가해자(여행사)에 대한 손해 배상 청구권과 별개라고 할 수 있다. 단, 인보험 중에서 실손해를 보상하는 성격의 상해보험에 대해서는 예외적으로 당사자 간의 약정으로 보험자 대위가 가능하도록 하되 피보험자(여행객)의 권리(손해 배상 청구권)을 침해하지 않도록 규정하고 있다.

여행사의 손해 배상과 여행자보험금 지급과는 별개라는 얘기다.

여행자보험은 형식상으로 여행사가 보험료를 납부한 보험 계약자에 해당되지만 실질적으로 보험료는 여행객이 납부한 여행 대금에 포함되므로 보험사가 피보험자(여행객)에게 지급하는 보험금은 여행객이 납부한 보험료의 대가로 지급하는 것이다. 가입은 여행사에서 일괄적으로 했을지 모르지만 그 계약자는 여행자이기 때문이다.

따라서 피보험자(여행객)가 수령하였거나 수령할 보험금은 가해자인 여행사가 여행객에게 배상해야 할 손해 배상금에서 손익 상계로 공제되어야 할 금액에 해당되지 않는다. 여행객이 달리 보험금 청구권을 여행사에 양도한다는 등의 특별한 약정 내지 합의가 없는 한 여행객은 여행자보험에서 지급받는 보험금과 별개로 여행사에게 실제 손해만큼 손해 배상금을 청구할 수 있다는 사실을 명심하자.

이상의 내용을 요약하면 다음과 같다.

다툴 수 있는 경우	• 여행사, 현지 여행업체, 여행 종사자 등의 고의 또는 과실로 인해 여행객이 손해를 입은 경우
다투기 어려운 경우	• 여행사의 고의 또는 과실이 아닌 전적으로 여행객의 과실로 인한 손해 • 천재지변, 전쟁 등 불가항력적으로 발생한 손해

✎ 관련 규정

상법 제729조(제3자에 대한 보험 대위의 금지) 보험자는 보험 사고로 인하여 생긴 보험 계약자 또는 보험 수익자의 제3자에 대한 권리를 대위하여 행사하지 못한다. 그러나 상해보험 계약의 경우에 당사자 간에 다른 약정이 있는 때에는 보험자는 피보험자의 권리를 해하지 아니하는 범위 안에서 그 권리를 대위하여 행사할 수 있다.[개정 1991.12.31]

✎ 관련 판례

• 대법원 1998.11.24, 선고, 98다25061 판결

서울중앙지법 2009.6.30, 선고, 2008가합107783 판결(서울고법 2009나71789)

상해보험인 해외여행 보험에 의한 급부금은 이미 납입한 보험료의 대가적 성질을 가지는 것으로서 그 부상에 관하여 제3자가 불법 행위 또는 채무 불이행에 기한 손해 배상 의무를 부담하는 경우에도, 보험 계약의 당사자 사이에 다른 약정이 없는 한, 상법 제729조에 의하여 보험자 대위가 금지됨은 물론, 그 배상액의 산정에 있어서 손익 상계로서 공제하여야 할 이익에 해당하지 아니하며, 보험자 대위가 인정되는 경우에도 피보험자가 보험자로부터 손해의 일부를 전보받았다고 하여 그 나머지 손해에 대한 가해자의 피보험자에 대한 손해 배상 책임까지 소멸되는 것은 아니다.

23
외부 요인 입증이 어려운 상해 사고

누군가 운동 중에 갑자기 사망했다고 하자. 이때 사망 원인이 외부에 있다고 증명하는 것이 가능할까?

실제로 격렬한 운동 후 사망(의식 상실 등)했는데 기존 질병이라며 지급 거절한 사례가 있다. 또한 외부 물질이나 물체와의 직접적인 충격이나 충돌 등이 없이 발생한 경우, 부검이 이루어지지 않는 한 명확한 사고 원인을 밝히기란 여간 까다로운 일이 아니다.

즉 상해(재해) 보험은 "급격하고 우연한 외래의 사고"에 대해 보상하는 보험인데 운동 후 갑자기 발생한 보험 사고의 경우 급격성과 우연성은 입증되나 외부 요인에 의한 사고 입증이 어렵다.

대법원은 "외래의 사고는 상해 또는 사망의 원인이 피보험자의 질병이나 체질적 요인에 의한 것이 아니라 외부적 요인에 의해 초래된 모든 것을 의미"한다고 판결한 바 있다. 단, 사고의 외래성 및 상해 또는 사망과의 인과관계에 대해서는 보험금 청구자에게 입증 책임이 있다고 보고 있다. 보험금을 받으려면 이를 입증해야 한다는 얘기다.

보험금 청구권자의 입증은 반드시 의학적, 자연과학적 인과관계가 아닌 사회적, 법적 인과관계이기는 하지만 외부 요인과 사망이라는 결과 사이에는 상당 인과관계가 존재해야 한다. 또한 의사의 사체 검안만으로 사망 원인을 밝히기 어려운 경우 보험금 청구자인 유족의 반대로 부검이 이루어지지 않았다면 그로 인한 불이익은 유족이 감수해야 하므로 가급적 부검을 통해 명확한 원인 규명을 하는 것이 바람직하다.

요약하면 다음과 같다.

다툴 수 있는 경우	•운동 외 보험 사고를 유발할 만한 다른 요인이 없었음이 입증된 경우 •운동이 평소보다 건강을 심하게 훼손시킬 정도로 과도하게 진행된 경우
다투기 어려운 경우	•단순히 운동을 했다는 사실만 입증된 경우 •신체적 질병 또는 체질적 요인에 의해 보험 사고가 발생한 경우

✎ 관련 규정

제737조 (상해보험자의 책임) 상해보험 계약의 보험자는 신체의 상해에 관한 보험 사고가 생길 경우에 보험 금액 기타의 급여를 할 책임이 있다.

✎ 관련 판례

•창원지방법원 1998.8.12, 선고, 98가단11546 판결

축구 경기를 하는 것이 일반적으로 사람의 건강을 훼손시킬 수 있는 외부의 힘이라고 할 수 없어 피보험자가 사망 당일 격렬하게 축구 경기를 하여 심근경색증이 발병하였

다 하더라도 이를 보험 사고로 볼 수 없다.

•광주지방법원 순천지원 1998.8.12, 선고, 98가단11546 판결

테니스를 친 후 물을 마시면서 휴식을 취하다가 갑자기 사망한 경우 이는 피보험자의 질병 또는 체질적 요인에 기인한 것으로서 외래의 사고라고 보기 어렵고, 평소 질병이나 특이 체질이 아닌 건강체였다는 주장만으로는 이를 뒤엎기에 부족하다.

•수원지법 1994.12.28, 선고, 94나4643, 제1민사부 판결

피보험자가 충분한 준비 운동을 하지 못한 채 수영장 안으로 들어가 10여 초 동안 발장구를 치는 등 강습을 받다가 갑자기 경련을 일으켜 급성 심장사 하였고, 급성 심장사는 심전도 이상, 심박동 이상 등 심장 계통에 질환을 가지고 있는 사람에게서 그 발병 가능성이 높은 것은 사실이나 원인을 추정하기 어려운 경우가 더 많고, 피보험자가 평소 위와 같은 질환을 가지고 있었다고 단정할 만한 자료가 없는 점 등에 비추어 재해 사고에 해당한다고 본 사례.

16층 이상 아파트의 의무 가입

불이 났을 때 건물주는 이로 인한 손해를 배상해야 한다. 특히 16층 이상 아파트(동일한 아파트 단지 안에는 15층 이하 아파트도 포함)의 소유자는 건물 화재로 인해 다른 사람이 사망하거나 부상을 입었을 때 과실이 없거나 경과실이라도 손해를 배상할 책임이 있다. 이는 「화재로 인한 재해 보상과 보험 가입에 관한 법률」에 의거한 것으로 건물주의 과실이 없는 경우는 다음과 같이 손해를 보상한다.

①사망의 경우 1인 8,000만 원(최저 2,000만 원) 한도 내에서 실제 손해

보상 ② 부상의 경우 14급 세분화되어 최저 14급 20만 원, 최고 1급 1,500만 원 ③ 후유 장애의 경우 14급 세분화되어 최저 14급 500만 원, 최고 1급 8,000만 원.

과실이 있을 경우는 과실이 없는 경우에 보상해야 할 금액에 더해 민법상 손해 배상금을 물어야 한다. 16층 이상 아파트 소유자(동일 단지 내 15층 이하 아파트 포함)는 화재로 인한 건물 손해는 물론 타인 사망 또는 부상에 대해 무과실 손해도 배상해야 하므로 손해보험회사가 운영하는 '신체 손해 배상 특약부 화재보험'에 가입해야 한다(미가입 시 과태료 500만 원).

동 보험에 가입해야 하는 '특수 건물'은 16층 이상 아파트 외에 국유 건물, 공유 건물, 교육 시설, 백화점, 시장, 의료 시설, 홍행장, 숙박업소, 다중 이용 업소, 운수 시설, 공장, 공동 주택과 다중 근무 또는 거주 건물이 포함되며 화재 위험 또는 건물 면적에 의해 의무 가입의 규정을 두고 있다. 단, 보험 가입은 보험업법 제4조에 의거 화재보험업 허가를 받은 손해보험회사에 해야 하며 수협, 신협, 새마을금고 등 화재 공제는 여기에서 제외된다(농협은 2012년 3월 2일 NH손해보험과 NH생명보험으로 변경).

요약하면 다음과 같다.

피해 유형	•16층 이상 아파트 화재로 사망 또는 부상당한 경우 •16층 이상 아파트에서 타인의 과실로 인한 화재로 재산상 손해를 입은 경우
다툴 수 있는 경우	•16층 이상 아파트에서 발생한 화재로 인한 신체 손해
다투기 어려운 경우	•16층 이상 아파트 소유자의 무과실 화재로 인한 재산 손해

✎ 관련 규정

•화재로 인한 재해 보상과 보험 가입에 관한 법률

제4조(특수 건물 소유자의 손해 배상 책임) ① 특수 건물의 소유자는 그 건물의 화재로 인하여 다른 사람이 사망하거나 부상을 입었을 때에는 과실이 없는 경우에도 제8조에 따른 보험 금액의 범위에서 그 손해를 배상할 책임이 있다. 「실화 책임에 관한 법률」에도 불구하고 특수 건물 소유자에게 경과실(輕過失)이 있는 경우에도 또한 같다.

② 특수 건물 소유자의 손해 배상 책임에 관하여는 이 법에서 규정하는 것 외에는 민법에 따른다.

제5조(보험 가입의 의무) ① 특수 건물의 소유자는 제4조 제1항에 따른 손해 배상 책임을 이행하기 위하여 그 건물에 대하여 손해보험회사가 운영하는 신체손해 배상 특약부 화재보험(이하 "특약부 화재보험"이라 한다)에 가입하여야 한다.

✎ 관련 판례

•대법원 2002.10.25. 선고 2000다18073 판결

입주자 대표 회의 및 관리 주체가 종전에 아파트 전체에 일괄하여 체결하였던 화재보험의 계약기간 만료 후 새로운 계약을 체결하지 않은 동안 화재가 발생함으로써 개별 입주자가 보험 혜택을 받지 못한 경우, 개별 입주자가 화재보험금을 수령할 수 없게 되었으므로, 입주자 대표 회의 및 관리 주체가 그 입주자에 대하여 손해 배상 의무가 있다고 본 사례.

화재로 인한 재산상 손해

화재는 불이 생긴 곳의 물건을 태울 뿐만 아니라 부근의 건물 기타 물건도 연소(延燒)함으로써 그 피해가 예상 외로 확대되는 경우가 많다. 그런데 예전에는 일부러 불을 내지 않았다면 불난 집에 배상을 요구할 수 없었다. 「실화 책임에 관한 법률」에 화재로 이웃집에 손해를 끼치더라도 화재 발생자에게 '고의' 또는 '중과실'이 없으면 손해 배상 책임을 물을 수 없다고 규정되었기 때문이다. 그런데 2007년 이 법이 위헌 판결(헌재 2007. 8. 30. 2004헌가25)을 받았다. '고의' 또는 '중과실'로 인한 화재가 아니더라도 이웃에 손해를 입히면 손해 배상을 해야 한다고 판단한 것이다. 단, 경과실은 손해액의 경감이 가능하다.

그래서 이에 대비해 화재보험에 가입하는 사람들이 많아졌다. 화재보험은 주택, 공장, 일반 건물 등에 화재 사고로 인해 발생한 손해를 보상하기 위한 보험으로 보통 보험 기간이 1년이고 보험료가 저렴한 반면, 만기 시 환급금이 없다.

보험 가입 물건의 가치를 평가하지 않고 사고 시 보험 가액을 산정하는데, 보험 가입 금액과 보험 가액의 차이에 따라 보상 내용이 변동된다. 구체적인 내용은 다음과 같다.

① 공통: 보험 가입 금액〉보험 가액(초과 보험): 보험 가액을 한도로 보상

② 주택, 일반 물건의 경우

─보험 가입 금액〉=보험 가액의 80%(전부 보험): 보험 가입 금액 한도

—보험 가입 금액〈보험 가액의 80%(일부 보험): 비례 보상

(보험금=손해액×보험 가입 금액/보험 가액의 80%)

③ 재고자산(동산), 공장 물건의 경우

—보험 가입 금액=보험 가액(전부 보험): 손해액 전부 보상

—보험 가입 금액〈보험 가액(일부 보험): 손해액×보험 가입 금액/보험

가액

피해 유형	• 과실로 인해 화재가 발생하여 다른 사람의 신체나 재산상 손해를 끼친 경우 • 타인 과실 화재이나 경과실이라는 이유로 실제 손해보다 적게 보상하는 경우
다툴 수 있는 경우	• 보험 가입 금액과 보험 가액의 차이로 인해 다툼이 있는 경우
다투기 어려운 경우	• 2007년 8월 30일 이전 발생한 경과실 화재 사고

✎ 관련 규정

실화 책임에 관한 법률 제3조(손해 배상액의 경감)

①실화가 중대한 과실로 인한 것이 아닌 경우 그로 인한 손해의 배상 의무자(이하 "배상 의무자"라 한다)는 법원에 손해 배상액의 경감을 청구할 수 있다.

✎ 관련 판례

• 대구고등법원 2009. 8.12. 선고 2008나8615 판결

고속도로의 터널을 진행하던 버스의 후방 엔진룸에 불이나 발생한 화재 사고로 터널 내 시설이 전소한 사안에서, 개정된 실화 책임에 관한 법률을 소급 적용하여 경과실임에도 실화자인 버스 기사와 사용자인 버스 회사의 손해 배상 책임을 인정한 사례.

•서울고등법원 2012. 1. 12. 선고 2011나11797 판결

화재로 인하여 349,468,059원의 순손해를 입었고 원고의 가압류로 인하여 원자재 매입 시 추가 비용을 지출한 점 등 배상 의무자인 피고 ○○의 경제 상태, 그 밖에 손해 배상액을 결정할 때 고려할 사정 등을 감안하면, 피고 ○○이 배상하여야 할 손해액은 실화 책임에 관한 법률 제3조에 따라 원고가 입은 손해액의 30%로 경감.

26
자동차 사고의 형사 합의

자동차 사고가 나면 서로 합의를 보게 된다. 이때의 형사 합의는 법률 행위는 아니다. 다만 가해자가 형사적으로 처벌(구속, 벌금 등)을 받게 되는 경우, 가해자에 대한 형사 처벌을 원하지 않는다는 합의서를 작성 하는 것을 뜻한다. 특히 사고의 정도가 심하거나 뺑소니 같은 경우 가해 자는 어떻게든 패해자와 합의를 보려 할 것이다.

형사 합의를 하게 되면 실형이 집행 유예로, 집행 유예는 벌금형, 구속에서 불구속 재판 등으로 처벌이 다소 감경받을 수 있는 효과가 발생하기 때문이다. 그렇다면 이때 가해자가 지급하는 합의금은 어떤 성격일까? 배상금일까, 순수한 위로금일까?

법원은 형사 합의금은 손해 배상금의 일부로 보고 있다. 따라서 가해 자가 형사 합의를 하면서 지급한 금원을 민사상 손해 배상금에서 공제할 수 있다. 특히 형사 합의서상에 "보험회사의 보상금과 별개의 순수한 형사상 위로금"으로 명시되어 있어도 1/2 정도 공제하는 경우가 있다.

최근에는 피해자가 경찰서 합의서가 아닌 "법률상 손해 배상금의 일 부"로 합의서를 작성하고 보험금 청구권을 피해자에게 양도하는 "채권 양도" 서류를 작성 후 소송에서 형사 합의금이 공제되면 나중에 보험회사를 상대로 양수금 청구를 하고 있다.

가해자가 합의 노력 없이 공탁만 하는 경우가 있는데 이때의 공탁금도 손해 배상금의 일부로 보험회사의 보험금 지급 시 100% 공제된다. 그럴 경우 '공탁금 회수 동의서'를 작성해 공탁금을 찾지 않겠다는 표시를 하고 동 내용을 첨부해서 선고 전 재판부에 진정서를 제출하면 공탁의 효력이 거의 없어진다.

피해 유형	•10대 항목 사고로 피해자가 통상 8주 이상의 부상을 입은 경우 •10대 항목 외 사고로 피해자가 식물인간, 절단 등 중상해 부상 입은 경우 •사망 사고 또는 피해자 구호 조치 없이 도주(뺑소니)한 사고
다툴 수 있는 경우	•"법률상 손해 배상금의 일부"로 기재된 합의서 작성 및 채권 양도된 경우 •공탁금 회수 동의서를 법원에 제출해서 공탁금을 찾지 않은 경우
다투기 어려운 경우	•단순히 경찰서 합의서 양식을 이용해 '합의금'으로 표시된 경우 •합의서 양식에 "순수한 위로금"으로 표시된 경우(통상 1/2 공제)

✎ 관련 판례

•대법원 1999.1.15, 선고, 98다43922, 판결

불법 행위의 가해자에 대한 수사 과정이나 형사 재판 과정에서 피해자가 가해자 측으로부터 합의금을 지급받고 가해자의 처벌을 원치 않는다는 내용의 합의를 한 경우에 그 합의 당시 지급된 금원은 원칙적으로 손해 배상금의 일부로 지급된 것으로 보아야 하고, 이 점은 금원을 공탁한 경우에도 마찬가지이다.

교통사고의 가해자 측이 위로금 명목으로 공탁한 돈을 위 유족들이 출급한 경우, 공탁서상의 위로금이라는 표현은 민사상 손해 배상금 중 정신적 손해인 위자료에 대한 법률가가 아닌 일반인의 소박한 표현에 불과한 것으로 보아 위 공탁금은 민사상

손해 배상금의 성질을 갖고, 보험자의 보상 범위에도 속함.

•대법원 2008.2.1, 선고, 2005다42880, 판결

교통사고 피해자 측이 가해자 측 보험회사를 상대로 제기한 손해 배상 청구 소송의 계속 중 가해자로부터 손해 배상금 일부를 지급받으면서 가해자의 보험금 청구권을 양도받았는데, 그 후 확정된 위 손해 배상 소송의 화해 권고 결정에 위와 같이 가해자로부터 양도받은 보험금 청구권에 관한 법률 관계가 포함되어 있었다고 보아, 피해자 측이 다시 양도받은 보험금 청구권을 행사하여 보험금의 지급을 구하는 것은 확정된 화해 권고 결정의 효력에 반하여 허용되지 않는다고 한 사례.

27
출고 후 2년이 넘은 차량의 수리비

자동차 사고가 나면 사람도 다치지만 차도 다친다. 수리비를 받으면 그만이라고 생각하기 쉽지만 그렇지 않다. 왜냐하면 한 번 사고를 당한 차량은 그 가치가 하락하기 때문이다. 약관에는 여기에 대한 배상도 규정하고 있다. 이에 따르면 차량이 파손된 경우 수리비가 차량 가격의 20%를 초과할 경우 출고 후 1년 이내 차량은 수리비의 15%, 출고 후 2년 이내 차량은 수리비의 10%를 배상해야 한다.

법원에서는 수리를 한 후에도 일부 수리 불가능한 부분이 남아 있는 경우에는 수리비 외에 수리 불능으로 인한 교환 가치(시세 하락) 감소도 통상의 손해로 보아 배상하도록 판결한 바 있다. 여기서 교환 가치(가격)는 그것과 동일한 차종, 연식, 형 같은 정도의 사용 상태 및 주행 거리 등의 자동차를 중고차 시장에서 취득하는 데 소요되는 가액 정도를 말한다.

또한 절단이나 차체 비틀림 등 파손 부위로 볼 때 운행상 안전도의 결함 없이 물리적, 기술적 수리는 가능하나 원상회복은 불가능한 경우도 배상해야 한다.

피해 유형	•차량이 심각하게 파손됐지만 출고 후 2년이 넘어 시세 하락 손해 보상 안 한 경우 •출고 후 2년이 넘지 않았지만 보험회사의 가치 하락 손해에 만족하지 못한 경우
다툴 수 있는 경우	•차량 파손 부위 및 수리비로 볼 때 가치 하락 손해가 있는 경우
다투기 어려운 경우	•범퍼 교환, 판금 등 파손이 경미하여 시세 하락 손해가 거의 없는 경우

✎ 관련 규정

감정 평가에 관한 규칙(국토해양부령 제456호) 제24조(자동차의 평가)

자동차의 평가는 거래 사례 비교법에 의한다. 다만, 거래 사례 비교법에 의한 평가가 적정하지 아니한 경우에는 원가법에 의할 수 있으며, 자동차로서의 효용 가치가 없는 것은 해체 처분가격으로 평가한다.

✎ 관련 판례

•대법원 1992.2.11. 선고 91다28719 판결

불법 행위로 인하여 소유물이 훼손되었을 때의 손해액은 수리가 가능한 경우에는 그 수리비가 되고 만일 수리가 불가능한 경우에는 교환 가치의 감소액이 그 통상의 손해액이 되는 것인바, 수리를 한 후에도 일부 수리 불가능한 부분이 남아 있는 경우에는 수리비 외에 수리 불능으로 인한 교환 가치의 감소액도 통상의 손해에 해당한다.

•대법원 1992.3.10. 선고 91다42883 판결

피해 자동차의 파손 부위와 수리에 소요된 비용의 액수(금 428만 9,800원)에 비추어 자동차의 파손 부위를 수리한다고 하여도 그 교환 가치의 감소가 있을 것으로 보여지고, 그 정도의 사고로 인한 자동차의 파손이 있는 경우에는 그 교환 가치가 감소되리라는 것은 이를 알 수 있다고 보는 것이 경험 법칙에 합치.

•대법원 1992.5.12. 선고 92다6112 판결

중고차가 타인의 불법 행위로 훼손된 경우 그 자동차의 불법 행위 당시의 교환 가격은 원칙적으로 그것과 동일한 차종, 연식, 형 같은 정도의 사용 상태 및 주행 거리 등의 자동차를 중고차 시장에서 취득하는 데 소요되는 가액에 의하여 결정.

•대법원 2001.11.13. 선고 2001다52889 판결

약 4,000킬로미터 정도밖에 주행하지 않은 새 차로 3,870만 원 이상의 시세가 형성된 차량이 사고로 611만 원이 소요될 정도로 파손되고 4차례의 수리 후에도 복구가 불가능하여 2,100만 원에 매도한 경우 수리 불능으로 인한 교환 가치 감소액인 1,770만 원의 손해를 배상할 책임이 있음.

 28
무단 운전과 도난 운전

누군가 내 차를 훔쳐서 운전하다가 사고가 났을 경우, 나는 그 책임으로부터 100% 자유로울까? 그렇지는 않다. 비록 제3자(절취 운전자 포함)가 무단으로 자동차를 운전하다가 사고를 냈다 하더라도 운행 지배와 운행 이익이 상실되지 않았다면 소유자로서 책임이 발생하므로 보험회사도 보험금 지급해야 한다.

단, 무면허 운전(도난 운전 포함)의 경우 기명 피보험자의 묵시적·명시적

승인이 없는 사고에 대해서만 보험회사의 보험금 지급 책임이 발생한다. 다른 사람이 내 차를 무단으로 운전하지 못하도록 보관·관리를 잘해야 한다는 뜻이다.

법원은 운행 지배와 운행 이익의 상실 여부는 평소 자동차 및 자동차 열쇠의 보관 및 관리 상태, 운행 경위, 소유자와 운전자의 인적 관계, 차량 반환 의사 유무, 무단 운전 후 소유자의 사후 승낙 가능성, 무단 운전에 대한 피해자 인식 유무 등으로 평가하여 판단하고 있다(대법원 1998.7.10 선고 98다1072 판결). 유형별 배상 책임 여부를 구체적으로 살피면 다음과 같다.

무면허인 미성년 자녀가 부모의 자동차 열쇠를 몰래 가지고 나가 운전하다가 사고 발생한 경우는 반복적인 경우만 아니라면 면책이 가능하다. 회사 소유 차량을 직원이나 고용인 등이 임의로 사용하다 사고가 발생한 경우에는 차량 키 보관 여부 및 사후 승낙 가능성을 따져봐야 한다.

차량 관리상의 하자(자동차 문을 잠그지 않았거나 차 열쇠를 방치한 경우 등)가 있을 경우에는, 사고가 도난 직후 발생했다면 소유자 책임이 발생하지만 도난 후 상당 기간이 경과하여 도난과 사고와의 인과관계가 없는 경우는 책임을 묻기가 어렵다.

피해 유형	•차량 소유자의 허락 없이 무단으로 차량을 운행하다가 발생한 사고(무단 운전) •차량 소유자의 차량을 훔쳐 운행하다가 발생한 사고(도난 운전)
다툴 수 있는 경우	•소유자의 운행 이익 및 운행 지배가 있고, 묵시적.명시적 승인 없는 경우

다투기 어려운 경우	• 무면허 무단 운전이 반복 발생했고, 소유자도 동 사실을 알고 있던 경우

✎ 관련 규정

상법 제726조의2(자동차보험자의 책임) 자동차보험 계약의 보험자는 피보험자가 자동차를 소유, 사용 또는 관리하는 동안에 발생한 사고로 인하여 생긴 손해를 보상할 책임이 있다.

✎ 관련 판례

• 대법원 1998.7.10. 선고 98다1072 판결

무면허인 미성년자가 부(父)가 출타한 사이에 바지 호주머니에 넣어둔 열쇠를 꺼내어 그 무단 운행 사실을 알고 있는 친구를 태우고 운전하다가 사고를 낸 경우, 부의 자동차 운행자로서의 책임을 인정한 사례.

• 대법원 1998.6.23. 선고 98다10380 판결

차 열쇠를 꽂아놓은 채 주차하여 절취당한 경우 중대한 과실이 있는 것은 사실이나 벌교에서 도난당한 차량이 광주에서 사고가 발생했고 사고 발생 시까지 도난 사실을 몰랐던 점으로 볼 때 보유자의 책임을 묻기 어렵다.

• 대법원 2006.7.27. 선고 2005다56728 판결

차 열쇠를 회사 직원들의 출입이 자유로운 주유소 사무실 내 카운터 옆의 잠금 장치가 안 된 보관함에 보관했고, 무단 운전하는 데 걸린 시간은 1시간이 못 되고, 무단 운행한 거리도 그리 멀지 아니한 점 등에 비추어 보면, 소유자로서 운행 지배와 운행 이익을 완전히 상실하였다고 볼 수 없다.

음주 운전, 무면허 운전 시 보상 책임

종종 술을 마시고 운전하다 사고를 내는 경우가 있다. 가입자의 과실이 명백한 경우다. 면허 없이 운전을 할 경우도 마찬가지다. 이때 난 사고에 대해서 보험회사는 어느 정도 부담 책임이 있을까?

구체적으로 살펴보자. 우선 '음주 운전'이라 함은 도로교통법에서 규정하고 있는 주취 한계치(혈액 1밀리리터당 알콜 농도 0.05%) 이상으로 술을 마시고 운전하거나 도로교통법에 의한 음주 측정에 불응한 행위를 말한다. 통상 성인 남자의 경우 소주 2잔, 맥주 500시시 기준 한 컵 반 이상일 때가 여기에 해당한다. 음주 운전 교통사고의 보험금 지급 책임은 다음과 같다.

① 음주 운전 사고 부담금 공제(대인 배상I.II 200만 원, 대물 배상 50만 원)

② 자기 신체 사고(자동차 상해), 무보험 차량 상해는 공제 없이 보상

③ 자기 차량 손해는 면책

한편 '무면허 운전'이란 도로교통법의 운전면허에 관한 규정에 위반하는 무면허 운전 또는 무자격 운전을 말하며, 운전면허 정지 중 또는 운전 금지 중 운전하는 것을 말한다. 1종 보통 면허는 승차 정원 15인 이하 승합, 12톤 미만 화물 자동차에 해당하고 2종 보통 면허는 승차 정원 9인 이하 승합, 4톤 이하 화물 자동차가 해당한다. 참고로 자동차 형식·구조 또는 장치가 변경 승인된 경우는 변경 승인 전 기준을 적용한다. 무면허 운전 교통사고 보험금 지급 책임은 다음과 같다.

① 무면허 운전 사고 부담금 공제(대인 배상I 200만 원, 대물 배상 50만 원)

② 자기 신체 사고(자동차 상해)는 공제 없이 보상

③ 대인 배상II, 대물(의무 보험 초과), 무보험차 상해(다툼의 여지가 있음),

자기 차량 손해 면책

피해 유형	• 피보험자가 음주 운전으로 사고가 발생한 경우 • 피보험자가 무면허 운전으로 사고가 발생한 경우
다툴 수 있는 경우	• 음주 운전, 무면허 운전 중 발생한 사고로 운전자나 피보험자가 다친 경우
다투기 어려운 경우	• 자기 차량 손해 등 피보험자 재산에 대해 물적 피해가 있는 경우

✎ 관련 규정

상법 제732조의2(중과실로 인한 보험 사고) 사망을 보험 사고로 한 보험 계약에는

사고가 보험 계약자 또는 피보험자나 보험 수익자의 중대한 과실로 인하여 생긴

경우에도 보험자는 보험 금액을 지급할 책임을 면하지 못한다.

✎ 관련 판례

• 대법원 1998.4.28. 선고 98다4330 판결

상법 제732조의2, 제739조가 사망이나 상해를 보험 사고로 하는 인보험에 관하여는

보험자의 면책 사유를 제한하여 보험 사고가 비록 중대한 과실로 인하여 생긴 것이라

하더라도 보험금을 지급하도록 규정하고 있는 점이나 인보험이 책임 보험과 달리

정액 보험으로 되어 있는 점에 비추어 볼 때, 인보험에 있어서의 무면허 운전이나

음주 운전 면책 약관의 해석이 책임 보험에 있어서의 그것과 반드시 같아야 할

이유가 없으며, 음주 운전의 경우에는 보험 사고 발생의 가능성이 많을 수도 있으나

그 정도의 사고 발생 가능성에 관한 개인차는 보험에 있어서 구성원 간의 위험의

동질성을 해칠 정도는 아니라고 할 것이고, 또한 음주 운전이 고의적인 범죄 행위기

는 하나 그 고의는 특별한 사정이 없는 한 음주 운전 자체에 관한 것이고 직접적으로 사망이나 상해에 관한 것이 아니어서 그로 인한 손해 보상을 해준다고 하여 그 정도가 보험 계약에 있어서의 당사자의 선의성·윤리성에 반한다고는 할 수 없으므로, 자기 신체 사고 자동차보험(자손 사고 보험)과 같은 인보험에 있어서의 음주 운전 면책 약관이 보험 사고가 전체적으로 보아 고의로 평가되는 행위로 인한 경우뿐만 아니라 과실(중과실 포함)로 평가되는 행위로 인한 경우까지 포함하는 취지라면 과실로 평가되는 행위로 인한 사고에 관한 한 무효라고 보아야 한다.

—헌법재판소 1999.12.23. 자 98헌가12 결정(상법 제732조의2 위헌 제청, 상법 제732조의2 위헌 소원 합헌 결정)

단순히 차량에 동승했을 경우의 사고

자동차 사고가 났는데 동승한 사람도 책임이 있을 때가 있다. 운전자가 사고를 발생할 수 있을 만한 상황임에도 이에 적극적으로 대처하지 않은 경우가 그렇다. 자동차보험 약관에는 보험 가입 자동차에 대가 없이 동승한 경우 동승 유형에 따라 최대 50%까지 보험금을 감액하도록 규정하고 있다(강요, 무단동승 제외).

그러나 법원에서는 단순히 대가 없이 동승한 사실만으로 보험금을 감액하지 않고 특별한 사정이 있어야만 보험금을 감액하도록 판결한 바 있다. 또한 운행하는 차량에 동승하였다는 사실만으로 운전자에게 안전 운전을 하도록 주의를 환기시킬 의무는 없다고 보고 있다. 법원 판례에 나타난 사례별 호의 동승 감액 여부를 보면 다음과 같다.

① 유치원 차량 탑승한 유치원 교사 → 동승 감액 미적용

② 운전자의 권유로 운전자 업무를 도와주기 위해 동승 → 감액 미적용

③ 업무로 선배 직원 차량에 탑승 중 사고 발생 → 동승 감액 미적용

④ 야근을 마치고 집으로 귀가하던 중 같은 지역에 사는 직장 동료를 데려다주기 위해 가던 중 발생한 사고 → 동승 감액 미적용

⑤ 고등학교 선배와 식사 후 집에 데려다주러 가다가 자신의 가족을 태우기 위해 다시 돌아가던 중 발생한 사고 → 동승 감액 미적용

⑥ 무면허 운전자인 조카가 운전하는 차량에 탑승 중 가해 차량의 일방 과실로 사망한 경우 → 동승 감액 미적용

⑦ 학교 동창인 동승자의 부탁으로 심야에 차량을 운전하여 담배를 구하러 가다가 운전자 과실로 추락 익사한 경우 → 동승자 과실 10% 책정

⑧ 운전자의 직장 동료로 음주 운전 사실과 정원 초과 탑승 사실 안 상태에서 탑승 중 추락 사망한 경우 → 40% 동승 과실 적용

피해 유형	•사고 차량에 대가 없이 동승했다는 이유로 보험금을 감액한 경우
다툴 수 있는 경우	•단순한 호의 동승임에도 보험 약관을 이유로 동승 감액한 경우
다투기 어려운 경우	•전적으로 동승자를 위해 운행했거나 음주 운전 등 특별한 사정 있는 경우

✎ 관련 판례

•대법원 1997.11.14. 선고 97다35344 판결

오로지 호의 동승 차량 운전자 과실로 인한 사고로 동승자가 사망하거나 상해를

입어 동승자 혹은 그 유족들이 그 동승 차량의 운행자를 상대로 손해 배상을 청구하는 경우에는 그 운전자의 과실은 오로지 동승 차량 운행자의 손해 배상 채무의 성립 요건에 해당할 뿐 피해자 측의 과실로 참작할 성질의 것이 아니다.

•대법원 1992.6.9. 선고 92다10586 판결

야간 근무를 마친 운행자가 친구와 함께 기분 전환하러 해수욕장에 가면서 자신의 권유로 동향의 선후배 사이이고 같은 회사 같은 부서에 근무하고 있던 피해자를 동승하게 하였다가 돌아오던 길에 교통사고가 발생한 것이라면 호의 동승이라 하더라도 감액할 수 없다고 한 판례.

•대법원 1998. 6. 9. 선고 98다8820 판결

피해자가 동승한 차량이 아닌 다른 가해 차량의 운전자 내지 운행자에 대하여 손해 배상을 청구하는 경우에는 피해자가 동승한 차량의 실질적인 운행자에 해당한다든가, 운전자 내지 운행자와 신분상 또는 생활 관계상 일체를 이루는 관계에 있다고 인정되는 경우가 아니면 호의 동승한 사실만으로 곧 동승한 차량의 운전자의 과실을 피해자 측 과실로 참작하여 손해 배상액을 감액할 수 없다.

3부

사례 분석:

─지피지기면 백전백승

●3부에는 생생한 사례를 중심으로 엮었다. 한국소비자원에 접수된 사례 중 독자들에게 도움이 될 만한 내용을 엄선했다. 주변에서 흔히 발생할 수 있는 분쟁 사례를 통해 언제 닥칠지 모를 보험 사고와 이에 대한 대처법을 알아보자●

 31
자살도 보험금 준다

[사례] 원통해 씨(남, 40대)는 아들(남, 10대)을 피보험자로 하여 2008년 7월 'ㅇㅇ상해보험'에 가입했다. 2009년 9월 아들이 여자 친구와 말다툼 후 아파트 옥상에 매달렸다가 추락하여 사망하자 이에 보험금을 청구하였다. 그러자 보험회사는 평소 아들이 수차례 여자 친구와 다투면 아파트 옥상에 매달려 자살하겠다고 위협한 점을 근거로 고의로 자신을 해친 자살 사고이므로 보험금 지급할 수 없다고 하였다. 젊은 나이에 아들이 죽은 것만으로도 마음이 아프던 원통해 씨는 이로 인해 송사에까지 신경을 써야 하는 상황이 되어버렸다. 과연 누구 말이 맞을까?

[결과] 법원은 '자살'이라 하더라도 자살자의 나이, 시기 및 장소, 방법, 신체적.정신적 심리 상황, 정신 질환과의 인과관계 등을 감안하여 자유로운 의사 결정이 아니라면 베란다 투신 등에 의한 '자살 방법'도 재해로 보아야 한다고 판결(대법원 2005다 70540, 2005다49713)한 바 있다. 심지어 유언장을 작성하고 그라목손(제초제)을 마시고 자살한 사건에 대해서도 우울증 등 정신 질환이 있어 자살 시 자유로운 의사 결정이 없는 것으로 보아 '재해'로 인정한 판결(서울고법 2009나36618)도 있다.

한국소비자원은 죽은 아들이 '적응 장애'로 정신과 치료를 수개월간 받아온 점, 유서가 없는 점 등으로 볼 때 자유로운 의사 결정에 의한 자살이 아니라 화를 못 이겨 발생한 것으로 볼 수 있고, 아울러 수차례 옥상에 매달렸다가도 모두 올라와서 자살하지 않은 점으로 볼 때 힘이 빠지면서 옥상에서 추락했을 재해의 가능성도 배제할 수 없어 보험금을 지급하도록 권고하였다. 결국 보험회사는 상해 사망 보험금 1억 원 중 70%인 7,000만 원을 원통해 씨에게 지급하고 합의하였다.

보험회사의 납입 최고 입증

[사례] 아뿔싸 씨(여, 30대)는 2006년 'ㅇㅇ상해보험'에 가입했는데 2010년 4월 이후 통장에 잔고가 없어 보험료가 6개월간 미이체되어 실효된 사실을 알게 되었다. 보험료 미납이 대한 납입 최고가 없어 보험회사에 계약의 원상회복을 요구하자 회사는 이를 거절하여 분쟁이 발생하였다.

[결과] 보험회사는 아뿔싸 씨가 2009년 이사를 했음에도 변경된 주소를 알리지 않았으므로 납입 최고를 받지 못한 것은 아뿔싸 씨의 책임이라고 주장했다. 그러나 보험회사가 아뿔싸 씨에게 보낸 납입 최고서는 내용 증명이나 등기가 아닌 일반 우편으로 보냈는데, 대법원은 내용 증명 우편이나 등기 우편과는 달리, 보통 우편의 방법으로 발송되었다는 사실만으로는 그 우편물이 상당 기간 내에 도달하였다고 추정할 수 없으며 도달했음을 입증해야 할 책임은 보험회사에 있다고 판결(대법원 2002.7.26.

선고 2000다25002)한 바 있다.

또한 피보험자가 주소 변경이나 전화번호 변경을 보험회사에 통지하지 아니하였다는 사유만으로는 보험 계약의 해지에 필요한 상법 규정의 위 최고 절차가 면제되는 것으로 볼 수 없다고 한 판례(대법원 1997.7.25. 선고 97다18479 판결)도 있어 주소 변경 통지 의무 위반이 있다 하더라도 보험회사의 납입 최고 의무가 없어지는 것은 아닌 것이다.

특히 주소는 변경됐지만 전화번호는 가입 후부터 동일한 번호를 사용한 만큼 유선으로 보험료 미납에 대해 최고하는 등의 조치를 취했어야 함에도 이를 소홀히 한 과실이 있어 정상적인 납입 최고 절차가 이행됐다고 볼 수 없다는 것이다. 결국 계약은 원상회복되었다.

 33
보험회사의 책임

[사례] 갑자기 씨(여, 30대)는 2011년 홈쇼핑에서 'ㅇㅇ의료실비보험'에 가입했다. 전화를 걸어 가입 의사를 밝혔고, 당일 1회 보험료가 인출되었으며 관련 서류는 차후 서명하기로 하였다. 그런데 가입 후 5일 만에 급성 맹장염으로 입원하게 되어 청약 서류를 보내지 못했다. 그리고 응급 수술을 했는데 보험회사는 청약서에 자필 서명을 하지 않았다며 보험 가입을 거절하고 보험료를 반환하여 분쟁이 발생하였다.

✎

[결과] 보험 계약은 통상 계약 당사자의 의사가 합치되면 성립되는 것으로 본다. 보험 계약자의 청약과 보험회사의 승낙이 있으면 계약이 이루

어지는 '불요식 낙성계약'(不要式 諾成契約)인 것이다. 물론 보험 계약자의 청약에 대해 보험회사가 거절할 수 있는 권리가 있지만 그럴 만한 사유가 있어야 한다. 기간도 30일 이내로 정해져 있어 그동안 거절하지 않으면 승낙된 것으로 간주한다.

갑자기 씨의 사례는 청약에 따라 보험회사가 1회 보험료를 받은 상태다. 상법에는 보험회사가 보험 계약자로부터 보험 청약과 함께 보험료 상당액의 전부 또는 일부를 받은 경우에 그 청약을 승낙하기 전에 보험 계약에서 정한 보험 사고가 생긴 때에는 그 청약을 거절할 사유가 없다고 하고 있다. 따라서 보험회사는 계약상의 책임을 져야 한다.

그런데 보험회사가 갑자기 씨의 청약에 대해, 단순히 자필 서명 미비를 이유로 거절한 것은 보험 계약의 특성을 무시한 것으로 '부당한 인수 거절'에 해당한다. 더구나 사고가 1회 보험료를 받은 후 발생했으므로 보험회사는 해당 사고에 대해 보험금을 지급해야 한다. 이와 같은 이유로 이 사례는 결국 보험회사는 갑자기 씨의 계약을 인수하고 해당 사고에 대해 보험금 지급하는 것으로 매듭되었다.

입대 사실도 알려야 한다고(?)

[사례] 왜그래 씨(여, 50대)는 2006년 아들을 피보험자로 한 'ㅇㅇ종합보험'에 가입하여 오던 중, 2008년 5월 아들이 군대에 입대하게 되었다. 이 사실을 보험회사에 통지하자 제대 후 원상회복하는 조건으로 입원 급여금을 감액 처리하였다. 2010년 4월 제대하여 원상회복을 요구했으나

보험회사는 군대에서 발생한 상해 사고를 이유로 거절하여 분쟁이 발생하였다.

✎

[결과] 보험 약관은 보험 계약 기간 중 직무나 직업이 변동되면 보험회사에 알리도록 하고 있다. 이는 계약 후 알릴 의무(통지 의무)에 해당하는데, 문제는 특수 부대나 특수 직무에 종사하는 등 위험이 현저하게 증가되지 않은 단순한 군 입대는 위험률에 변동이 있는 직업 및 직무의 변동이라고 할 수 없다는 것이다. 더군다나 왜그래 씨의 자녀는 제대하여 보험 가입 당시처럼 대학생으로 복학한 상태였다. 뿐만 아니라 군에서 발생한 상해 사고도 완치되어 더 이상의 추가 치료가 필요하지 않은 상태였던 것이다.

금융감독원 분쟁 조정 사례에서도 병역 의무 이행을 위한 군 복무는 사회 통념상 '직업 또는 직무'의 변경이라고 보기 어려우며, 직업 및 직무의 변경이 사고 발생에 영향을 미치지 않았다면 통지 의무 위반을 적용할 수 없다고 조정한 사례가 있다(금융감독원 2001-33).

소비자원은 보험회사에 병역 의무 이행을 위한 군 입대를 직업 및 직무의 변동으로 보기 어려운 점, B씨의 자녀가 이미 제대하여 군 입대 전 직업인 대학생으로 복학한 점, 군대에서 발생한 상해 사고는 이미 완치되어 더 이상의 추가치료가 없는 점 등을 감안하여 계약을 원상회복할 것을 권고하였고 결국 보험회사는 입원 급여금 증액 등 보험 계약을 원상회복하였다.

 **35**

실손의료보험의 중복 가입

[사례] 두개나 씨(여, 20대)는 2010년 7월 보험설계사의 권유로 남편을 피보험자로 한 '실손의료보험'에 가입하였다. 그런데 남편은 2009년에 이미 회사에서 단체로 실손의료보험을 가입한 후였다. 두개나 씨는 뒤늦게 실손의료보험은 중복으로 보장이 안 된다는 사실을 알게 되어 계약의 취소를 요구했다. 그러나 보험회사 측에서는 가입자가 미리 그 사실을 알리지 않아 중복 보장이 안 된다는 사실을 알리지 못했다며 취소를 거부하여 분쟁이 발생했다.

✎

[결과] 실손의료보험은 보험 가입자가 상해 또는 질병으로 입원이나 통원할 경우 보험 가입자가 부담한 의료비를 보험회사가 지급하는 보험이다. 실손의료보험은 2009년 8월 1일 기준으로 이전 계약은 보험 가입자 부담 의료비의 100%를, 8월 1일~9월 30일까지의 계약은 가입 후 3년까지 100%, 그 후 90%로 축소, 10월 1일 계약부터는 90%만 보장한다.

그런데 이 보험은 중복 지급이 안 된다. 동일한 피보험자가 2개 이상의 실손의료보험에 가입했다면 해도 본인이 부담한 치료비를 각각 주는 게 아니라는 뜻이다. 이때는 상품별로 비례 분담하여 지급하기 때문에 이를 몰랐던 소비자의 불만이 끊이지 않는 게 현실이다.

금융감독원은 이러한 소비자 피해를 예방하기 위해 2009년 10월 1일 실손의료보험 약관을 통합하면서 보험 모집 시 보험회사가 반드시 중복 가입 여부를 사전 확인하도록 의무화하고 있다. 또한 중복 가입 시 비례 분담 원칙을 설명하도록 보험 약관을 개선했으며, 청약서 접수 후 중복 가입 여부 확인 및 비례 분담 원칙 안내 여부에 대한 전화 모니터링 실시, 녹취 기록 보존 등을 의무화하고 있다.

두개나 씨의 배우자는 실손의료보험을 2개 가입했으나 보험 사고 시에는 비례 보상되기 때문에 2개 중 1개만 유지할 필요가 있다. 최초 가입한 실손의료보험은 100% 보장되는 반면 뒤에 가입한 보험은 90%만 보장되어 소비자에게 불리하기 때문이다. 결국 보험회사는 이를 확인해야 할 의무를 다하지 못한 것으로 두개나 씨와의 계약은 취소하더라도 이를 거부할 수 없었고 기 납입 보험료는 전액 환급하였다.

보험료와 보험 개시일

[사례] 나효자 씨(남, 30대)는 전화 판매(TM)를 통해 2011년 10월 아버지를 피보험자로 하는 실손의료보험에 가입했다. 그런데 가입 당일 결제가 안 돼서 다음날 오전 10시 40분경에야 결제할 수 있었다. 그런데 결제 직후인 오전 11시경부터 갑작스럽게 피보험자인 아버지가 쓰러졌다. 병원에서 '뇌경색'으로 진단을 받고 당일 납부한 의료비 25만 원을 청구하자 보험회사는 1회 보험료를 납부한 날 오후 4시부터 보험이 개시된다며 이를 거절하여 분쟁이 발생하였다.

✎

[결과] 통상 생명보험회사에서 판매하는 보험 상품의 책임 개시는 1회 보험료를 낸 시점으로 본다. 하지만 손해보험 상품은 보험 상품별로

책임 개시 시점이 다르게 규정하고 있는 경우가 있다. 자동차보험은 책임 보험을 제외한 계약은 첫날 오후 12시부터 시작되고, 상해보험이나 화재보험의 경우는 첫날 오후 4시부터 시작되는 것으로 보고 있으며, 약관에 동 내용이 기재되어 있다면 보험의 책임 개시는 오후 4시부터라는 금융감독원의 분쟁 조정 사례도 있다(제2010-12호).

그러나 나효자 씨의 경우 보험회사에서 발급한 증권과 약관에는 보장 개시일에 대해서만 기재되어 있을 뿐 오후 4시부터라고 구체적으로 기재되어 있지 않았다. 오히려 해당 보험 약관에는 "회사가 청약 시에 제1회 보험료를 받고 청약을 승낙하기 전에 보험금 지급 사유가 발생하였을 때에도 제1회 보험료를 받은 때부터 보장"하도록 규정하고 있다. 즉 거절 사유로 밝힌 '오후 4시'의 근거가 없다는 것이다.

따라서 보험회사가 통상적인 손해보험회사의 보장 개시 시간을 이유로 약관이나 증권에도 없는 규정을 주장하는 것은 부당하다. 착오 기재라 하더라도 개시 시점은 중요한 내용에 해당하는바, 약관의 중요한 내용을 설명하지 않은 과실로 보험 계약자가 손해를 입었다면 그에 대해 보험회사가 손해 배상 책임을 져야 하므로 보험회사에 해당 보험금 지급을 권고하였다. 결국 보험회사는 이를 받아들여 나효자 씨에게 치료비 25만 원을 지급하였다.

 37

호르몬제 복용 미고지로 보험 해약

[사례] 예방차 씨(여, 50대)는 2011년 4월 유방암 진단을 받고 수술을 하였

다. 2010년 11월 가입한 보험이 있어 보험금을 신청하였는데 회사 측에서 예방차 씨가 가입 당시 호르몬제를 복용하고 있다는 사실을 알리지 않았다며 계약을 해지하고 보험금도 지급하지 않았다. 이에 예방차 씨는 당시 예방 차원으로 약을 복용하고 있어 이를 질병으로 인식하지 못했다고 주장하여 분쟁이 발생하였다.

[결과] 상법 및 약관상 보험 계약자 또는 피보험자는 고의 또는 중대한 과실로 중요한 사항을 알리지 않았거나 부실하게 고지한 경우 보험회사는 그 사실을 안 날로부터 1월내에, 계약을 체결한 날로부터 3년 내에 계약을 해지할 수 있다. 그러나 보험회사에 모든 치료 사실을 알려야 하는 것은 아니다. 적어도 질병으로 인식할 정도에 해당해야 고의 또는 중대한 과실에 해당된다 할 것이다. 법원 판례를 보아도 그렇다. 건강 검진에서 갑상선 결절이 확인됐지만 검진 이후 2년간 별다른 건강상의 장애나 이상 증상이 없어 갑상선 결절과 관련된 추가적인 검사나 치료를 받지 않은 경우 이를 고지 의무 위반으로 보지 않았다(대법원 2011.4.14. 선고 2009다 103349, 103356 판결).

예방차 씨는 투약 전 건강 검진에서 아무런 이상이 발견되지 않았지만 무월경이나 수면 장애 등 갱년기 증상이 경미하게 나타나 병원의 권유로 예방 차원에서 갱년기 호르몬제를 복용하였던 것이다. 약 복용으로 인해 다른 질병이 발생할 위험이 없다는 담당 의사의 소견이 있는 점으로 볼 때 예방 차원의 약 복용이 보험 계약을 거절할 만한 사유에는 해당되지 않는 것으로 판단할 수 있다. 그렇다고 한다면 예방차 씨가 고의 또는 중대한 과실로 계약 전 알릴 의무를 위반한 것으로 볼 수 없는바, 소비자원은 계약의 원상회복을 권고하였다.

38
고지 의무 위반과 인과관계 없는 사고

[사례] 그리워 씨(여, 50대)는 2008년 9월 남편을 피보험자로 하는 'ㅇㅇ보험'에 가입하여 오던 중, 2010년 5월 남편이 익사 사고로 사망하여 재해 사망 보험금을 청구하였다. 그런데 보험회사는 남편이 2004년 암에 걸렸다는 사실을 알리지 않고 보험에 가입해서 고지 의무 위반이라며 보험금 지급을 거절하고 계약을 해지하여 분쟁이 발생하였다.

✎

[결과] 상법 제651조는 "보험 계약 당시에 보험 계약자 또는 피보험자가 고의 또는 중대한 과실로 인하여 중요한 사항을 고지하지 아니하거나 부실의 고지를 한 때에는 보험자는 그 사실을 안 날로부터 1월 내에, 계약을 체결한 날로부터 3년 내에 한하여 계약을 해지할 수 있다"라고 규정하고 있다.

또한 제655조에 의하면 "보험 사고가 발생한 후에도 보험자가 제650조, 제651조, 제652조와 제653조의 규정에 의하여 계약을 해지한 때에는 보험 금액을 지급할 책임이 없고 이미 지급한 보험 금액의 반환을 청구할 수 있다. 그러나 고지 의무에 위반한 사실 또는 위험의 현저한 변경이나 증가된 사실이 보험 사고의 발생에 영향을 미치지 아니하였음이 증명된 때에는 그러하지 아니하다"라고 규정하고 있다. 결국 보험 계약자나 피보험자가 고지 의무를 위반했다 하더라도 보험 사고가 고지 의무 위반과 상당한 인과관계가 없다면 보험금을 지급해야 한다고 규정한 것이다.

따라서 그리워 씨가 남편의 암 발병 사실을 보험회사에 알리지 않은 것은 암이라는 질병의 특성상 고의 또는 중대한 과실로 알리지 않은 것에 해당하여 고지 의무 위반에 해당한다 할 것이다. 그러나 남편의 사망 원인은 질병이 아닌 익사 사고로 재해에 해당하는바, 고지 의무 위반과 보험 사고 간에 인과관계가 없으므로 보험회사의 보험금 지급 책임이 발생한다 할 것이다. 결국 보험회사는 그리워 씨에게 재해 사망 보험금 1,000만 원을 지급하였다.

전액 구상과 할인

[사례] 너무해 씨(남, 50대)는 2010년 10월 차량을 운행하던 중 무보험 차량에 의해 후미 추돌되는 사고를 당하여 보험으로 차량을 수리하였다. 이에 보험회사는 가해자로부터 구상을 청구할 수 있으니 할증되지 않을 것이라고 안내했으나 약속과 달리 갱신 때 할증되었다. 이에 이의를 제기하자, 보험회사는 구상금 소송에서 승소했으나 가해자가 변제 능력이 없어 회수를 못해 부득이하게 할증했다고 하여 분쟁이 발생했다.

✎

[결과] 개별 할인·할증은 사고 유무 및 사고 내용과 원인에 따라 평가하고, 단체 할인·할증은 손해율 실적에 따라 평가하는데, 자기 과실이 전혀 없는 사고는 2005년 1월 1일부터 보험금이 지급되는 경우 갱신

계약 시 할인율의 적용을 1년간 유예하고 유예 기간 중 전 계약의 할인율을 적용하고 있다. 실제 구상 여부와 상관없이 구상권 행사로 전액 환입이 가능한 경우에는 사고가 없는 경우와 동일하게 '할인'이 가능하다.

자기 과실이 없는 가해자 불명 자차 사고에 대해서는 사고가 1건인 경우 30만 원이하는 1년 할인 유예, 30만 원부터 물적 사고 할증 기준 금액 이하는 3년 할인 유예, 물적 사고 할증 기준 금액 초과는 1점 할증(특별 할증 미부과)하도록 규정하고 있다. 다만 자기 과실 없는 가해자 불명 자차 사고가 2건인 경우에는 물적 사고 할증 기준 금액 이하인 경우에는 사고 1건당 0.5점 할증되며, 물적 사고 할증 기준 금액 초과인 경우에는 사고 1건당 1점씩 할증되도록 규정하고 있다.

또한 태풍, 홍수, 해일 등 자연재해로 자기 과실이 없는 경우에는 1년간 할인 유예되며, 화재, 폭발 및 낙뢰에 의한 자기 과실 없는 자차 사고도 1년간 할인이 유예된다. 너무해 씨의 경우는 실제 구상이 되지 않았지만 가해자가 명확하고 구상권 행사로 전액 환입이 가능한 건이므로 할인하는 것이 타당하다. 결국 갱신한 자동차보험에 대해 할인 적용이 되었다.

 40
청약 철회 기간의 산정 기준

[사례] 공휴일 씨(여, 30대)는 2011년 12월 16일 전화 권유(TM) 판매를 통해 보험 계약 체결을 권유받아 보험료를 납부하였다. 그런데 보험 증권 등을 받고 꼼꼼히 살펴본바 꼭 가입해야 할 보험이 아닌 것으로

판단하여 청약 철회를 하게 되었다. 그런데 보험 가입 날로부터 30일이 되는 날이 보험회사의 휴무일인 토요일이어서 32일째 되는 월요일에 청약을 철회했다. 이에 보험회사는 가입 후 30일이 경과했으므로 청약 철회을 할 수 없다고 거절하여 분쟁이 발생하였다.

✎

[결과] 보험 상품은 워낙 복잡하고 소비자가 잘 알지 못하는 경우가 많아 가입 후 15일 이내에는 단순한 변심이라도 조건 없이 청약 철회가 가능하도록 규정하고 있다. 더군다나 통신 판매는 대면하지 않고 전화 등으로만 상품을 설명받기 때문에 대면 계약보다 긴 30일을 청약 철회 기간을 둔다.

다만, 진단 계약, 1년 미만 계약, 단체(취급) 보험 등은 청약 철회를 인정하지 않고 있어 3대 품질 보증 미비(청약서 부본 및 약관 미전달, 상품 설명 불충분, 자필 서명 미비)의 경우로 계약을 취소하는 경우가 아니라면 기 납입한 보험료를 환급받기 어렵다.

사례처럼 가입한 지 30일이 되는 마지막 날이 공휴일이라면 기한이 연장되는지에 대해서 상법에는 별도의 규정이 없다. 다만 민법 제161조(공휴일 등과 기간의 만료점)을 준용할 수 있는데, 동 규정에는 '기간의 말일이 토요일 또는 공휴일에 해당한 때에는 그 기간은 그 익일로 만료한다' 라고 되어 있다. 이 조항에 의하면 신청인이 청약 철회할 수 있는 마지막 날인 30일이 토요일이었으므로 공휴일이 끝나는 월요일이 청약 철회가 종료되는 마지막 날로 볼 수 있다. (2007.12.21 민법 제161조가 개정되기 전까지 토요일은 공휴일이 아님.) 그러므로 신청인의 청약 철회가 부당하다고 보기 어려운 것이다. 결국 보험회사는 공휴일 씨의 청약 철회 요구를 수용하였으며 기 납입 보험료를 환급하였다.

41
받아보면 푼돈인 연금보험

[사례] 부족해 씨(남, 60대)는 1994년 XX생명의 'ㅇㅇ 연금보험'에 가입했는데 가입 시 60세부터 '금리차 보장금+생존 연금'을 받기로 하였다. 이에 60세가 된 2010년 연금보험을 청구하자, 보험회사는 '생존 연금'만 지급하고 '금리차 보장금'은 지급하지 않았다. 부족해 씨는 보험금 예시표에 비해 상당히 낮은 금액만 받게 되었고 이에 분쟁이 발생하였다.

✎

[결과] 1980년대부터 2000년 초반까지 고금리 시기에 보험회사가 판매한 연금보험은 '정액형의 기본 연금'+'확정 배당금'(1993년부터 금리차 보장금)을 합산한 금액을 지급한다며 '보험금 지급 예시표' 등으로 소비자를 현혹시켰다. 예시표를 본 사람은 거기에 기재된 연금 금액을 확정금으로 지급할 것으로 알았지만 그건 희망 사항에 불과했다. 보험회사는 거기에 "정기 예금 이율이 변동하면 실제 금액은 달라진다"는 단서 조항을 달았던 것이다. 실제로 현재 연금을 받는 가입자 대부분이 예시표에 기재된 것보다 훨씬 적은 금액을 받고 있다.

이는 가입 당시 금리보다 현재의 금리가 낮기 때문인데, 보험회사들은 '금리차 보장금'(확정 배당금)은 확정 금액이 아니라 예정 이율보다 정기예금 이율이 높을 경우에만 지급하도록 약관 및 예시표에 기재하였다.

‘금리차 보장금’은 ‘예정 이율’과 ‘정기 예금 이율’의 금리차를 책임
준비금에 곱해 산정하는데, 기준 금리인 ‘예정 이율’은 12%였다가 1982
년 정부 금리인하 조치로 8%로 내려갔는데, 실제 금리는 2000년도 이후
점차 낮아져 5% 내외이므로 ‘금리차 보장금’이 아예 발생하지 않았다.

　결국 고액 연금을 바라던 수많은 가입자들은 2000년대 이후 낮은
금리로 기대보다 훨씬 적은 연금만 수령할 수밖에 없어 소송을 제기한
경우도 있었으나 소송에서도 금리 변동에 따른 연금 수령액 변동 가능성
을 기재한 경우는 보험회사의 주장이 맞다고 판결한 바 있다(서울고법
2006.12.27 선고 2005나78485 판결, 2006.5.2, 선고 2005가합6636 판결 등). 부족해
씨의 경우도 가입 당시 예정 이율이 7.5%이고, 여기에 대한 변동 가능성
을 기재한 상태였다.

 42
금연과 보험료 할인

[사례] 나튼튼 씨(남, 40대)는 2002년 XX 생명의 ‘○○ 종신보험’에 가입했
는데 가입 시 1년 이상 담배를 피지 않으면 우량체로 보험료가 할인된다
는 안내를 받았다.

　그런데 최근 금연을 권장하는 사내 방침에 따라 1년 이상 금연 후
보험회사에 우량체 할인을 요청하고 검사를 받자, 보험회사는 금연한
것은 맞지만 혈압(부정빈맥)이 의심된다며 우량체 할인을 거절하여 분쟁
이 발생하였다.

[결과] 종신보험을 판매하는 보험회사들은 대부분 부가 특약으로 흡연자가 보험 가입 도중 1년 이상 금연하면 "비흡연자 우량체 사망률"을 적용하여 보험료를 할인해주는 건강 우대 특약을 운영하고 있다. 그러나 이는 단순히 금연만 하면 우량체로 할인해준다는 것이 아니다. 실제 보험 약관에는 "'최근 1년간 금연' 외에 '건강 상태가 회사에서 정한 기준'(우량체 기준)에 해당하여야 함"을 명시하고 있다. 즉, 금연은 금연이고 우량체는 우량체라는 얘기다.

각 회사별로 약간 상이하지만 통상 우량체로 할인받기 위해서는 회사의 건강 검진을 통해 ① 1년 이상 비흡연자(소변을 통한 니코틴 검사) ② 수축기 혈압 140mmhg 미만, 이완기 혈압 90mmhg 미만 ③ BMI 지수가 17~26인 자 등에 해당되어야만 비로소 우량체가 되는, 까다로운 조건을 가지고 있다.

또한, 실제 우량체 할인을 적용하는 과정에서 동 기준을 충족해도 기존 치료 사실이 있거나 질병이 있으면 우량체로 인정하지 않는 경우가 많다. 결국 보험회사가 까다로운 기준과 자의적인 해석을 통해 보험료 할인을 최소화하는 것이 아닌가 하는 의구심을 가지게 하고 있다.

나튼튼 씨도 그동안 직장 검진 등에서 한 번도 부정빈맥이 나타나지 않았으나 유독 보험회사 건강 검진만 부정빈맥 진단이 나와 우량체 할인을 받지 못한 사례다. 이 밖에도 교통사고로 입원한 적이 있다며 우량체 할인을 거절한 경우도 있어 최소한 '우량체 할인 기준'에 대해 약관에 명시하여 소비자에게 정확한 정보를 제공해야 할 필요가 있다. 나튼튼 씨의 경우는 보험회사에서 재검진을 하고 그 결과에 따라 우량체 할인 여부를 결정하기로 하였다.

 **43**

변액 보험료 감액과 사업비 공제

[사례] 장기간 씨(여, 40대)는 2007년 XX 생명의 'ㅇㅇ 유니버설 변액보험'
에 월 100만 원의 보험료를 내기로 하고 가입했는데, 당시 12개월 후
중도 인출이 가능하고 24개월이 경과하면 보험료 감액이 가능하다는
설명을 받았다.

24개월 경과 후 보험료는 20만 원으로 감액하고 1,800만 원을 중도
인출했는데, 이후 개인 사정으로 해지하는 과정에서 100만 원 납입 시에
사업비가 11만 원씩 공제됐고, 20만 원으로 감액한 이후에도 동일하게
사업비가 11만 원씩 공제된 것을 알게 되어 분쟁이 발생하였다.

✎

[결과] 변액보험은 원금이 모두 적립되는 은행 적금과 다르게, 납입한
보험료에서 보험 사고 시 보험금을 지급하는 위험 보험료와 보험설계사
수당 등 사업비를 공제한 나머지 금액만 투자 원금이 된다. 다른 투자
상품에 비해 상당히 장기간 유지해야만 비로소 원금(납부 보험료) 이상
수익이 날 수 있는 구조였던 것이다.

장기간 씨의 경우도 표준 수익률 4%로 가정 시 납입한 원금에 도달하
기 위해서는 약 8년 정도 소요되며, 그 기간 전에 중도해지 시에는 해약
환급금이 납입 원금보다 적게 책정될 수밖에 없었다.

장기간 씨가 계약을 유지한 기간은 4년 8개월(56개월)인데 보험회사가

신계약비 등 사업비를 공제할 수 있는 기간은 7년(84개월)이어서 보험료를 감액했다 하더라도 최초 가입한 보험료를 기준으로 7년 동안 사업비를 상각해야 한다.

장기간 씨의 사업비 내역을 살펴보면, 초회 기본 보험료의 630%가 신계약비로 공제됐고, 매월 기본 보험료의 3%+5,000원이 유지비로, 매월 기본 보험료의 2%가 수금비로 책정되어 있었다. 공제된 사업비를 가입 기간으로 평균하면 매월 납입한 보험료에서 11만 원 정도가 해약 환급금에서 공제된 것으로 보험회사가 규정보다 더 많은 사업비를 공제한 것은 아니었다(※ 해약 환급금 = 순보험료식 보험료 적립금－미상각 신계약비 공제). 다만, 중도 해지 시 소비자가 막대한 손해를 보는 현행 해약 환급금 산정 방식은 개선되어야 할 것이다. 이 사례는 한국소비자원에서는 관련 정보를 장기간 씨에게 통보하는 것으로 종결되었다.

 44
법률상 중혼이라도 사실혼 관계면 배우자

[사례] 내남자 씨(여, 50대)는 10여 년 전 남편과 별거하고 지금의 남편을 만나 사실혼 관계를 유지하고 있었다. 그런데 전 남편과는 별거하면서 연락이 두절되어 법률적으로 이혼할 수가 없었기에 아직 혼인 신고를 하지 못하고 있었다.

소유 차량을 '자동차보험'에 가입하면서 보험설계사로부터 사실혼 관계도 부부로 인정받아 보상받을 수 있다는 설명에 따라 '부부 한정 특약'에 가입했는데, 2009년 11월 사실혼 관계 배우자가 운전 중 부주의로 다른 차량을 후미 추돌하는 사고가 발생했다. 이에 보험금을 청구하자, 보험회사는 법률상 배우자가 별도로 있는 중혼 상태여서 사실혼 관계라 하더라도 보상받을 수 없다고 하여 분쟁이 발생하였다.

✎

[결과] 대법원 판례(대법원 2009.12.24 2009다64161)에서 법률적 혼인이 취소되지 않은 사실혼 관계의 배우자라 하더라도 법률상 배우자가 행방불명 등 혼인 관계를 취소하지 못했던 특별한 사정이 있다면 자동차보험 약관상 사실혼 관계의 배우자로 인정해야 한다고 판시한 바 있다.

보험회사는 법률 자문을 거쳐 이 경우에는 법률상 배우자가 행방불명 등 특별한 사정이 있을 경우가 아니므로 사실혼 관계 배우자는 약관상 사실혼 관계가 아닌 부첩 관계로 보아야 한다고 판단하였고 이에 보험금 지급 책임이 없다고 주장하였다.

한국소비자원은 법률상 배우자와 헤어진 지 12년이 경과하였고, 현재 사실혼 관계 배우자와 7년 동안 세대를 구성하고 있는 점, 보험을 모집한 사실혼 관계 배우자의 여동생이 법률상 부부로 알고 있어 부부 한정 특약을 권유했던 점으로 볼 때 당사자 사이에 주관적으로 혼인의 의사가 있고, 객관적으로도 사회 관념상 가족 질서적인 면에서 부부 공동생활을 인정할 만한 혼인 생활의 실체가 있으므로 법률상 중혼이라 하더라도 대법원 판례처럼 사실혼 관계 배우자에 해당하는 것으로 판단하였다. 이러한 의견을 전달하자 보험회사는 보험금(추산 2,500만 원)을 지급하기로 하였다.

'뇌졸중' 보험금 지급 요건

[사례] 심각한 씨(여, 50대)는 2006년 7월 '○○ CI보험'계약을 체결하여 오던 중, 2010년 8월 급성뇌경색 진단을 받아 진단 급여금 3,200만 원의 보험금을 청구하였다. 보험회사는 약관상 '중대한 뇌졸중'이 되기 위해서는 신경계 장애율이 25% 이상 되어야 하는데, 신청인은 장애 지급률이 20%이므로 보험금을 지급할 수 없다고 주장하여 분쟁이 발생하였다.

[결과] 일반 보험의 '뇌졸중'은 '한국표준 질병사인 분류'상 I60~I66까지 진단받으면 보험금을 지급받을 수 있다. 그러나 CI보험의 "중대한 뇌졸중"은 ① '신경계에 장애가 남아 일상생활 기본 동작에 제한을 남긴 때'의 지급률이 25% 이상의 장애 상태여야 하고, ② 뇌전산화 단층촬영(Brain CT), 자기 공명 영상(MRI), 뇌혈관 조영술, 양전자 방출 단층술(PET), 단일 광자 전산화 단층술(SPECT), 뇌척수액 검사 등을 기초로 '중대한 뇌졸중'의 특징적인 소견이 있어야 하고, ③ '영구적인 신경학적 결손 상태'에 일치되게 발병 당시 새롭게 출현해야 하는 등 3가지 요건을 모두 충족해야만 진단 확정이 되도록 규정하고 있다.

즉, 단순히 뇌전산화 단층 촬영(CT)만으로 '뇌졸중' 진단을 내리거나 영구적인 신경학적 결손만으로 '뇌졸중' 진단을 내리면 보장이 안 되는 것이다. 따라서 뇌졸중은 보험금 지급받기가 상당히 어려운 질병이다. 심각한 씨도 요건이 충족되지 않아 결국 보험금을 지급받지 못했다. CI보험은 마치 복권에 당첨되는 것만큼이나 지급받을 확률이 낮은 보험인 것이다.

 46
치매 보험 진단금 분쟁

[사례] 제대로 씨(여, 70대)는 2007년 6월 '○○ 효사랑 보험' 계약을 체결하여 1년 단위로 갱신하던 중, 2010년 5월 치매 진단을 받았다. 보험 약관상 치매 진단 후 180일이 경과해야 보험금을 받을 수 있다고 하여 180일 지난 2010년 11월 보험금을 청구하였다.

보험회사는 갱신 계약 시점에 76세이면 치매 보험금이 2,000만 원에서 1,000만 원으로 감액되는데, 76세인 제대로 씨가 치매 진단 1달 뒤 보험 계약이 갱신되어 보험금이 2,000만 원에서 1,000만 원으로 감액되었다고 주장하여 분쟁이 발생하였다.

[결과] 보험 사고 발생의 확정을 진단일로 보면 76세 이전에 체결한 계약에 따라 2,000만 원의 보험금이 타당하고, 진단 확정 후 180일이 경과한 뒤로 보면 76세 이후 체결한 계약에 따라 1,000만 원 보험금 지급이 타당하다. 약관에는 치매 확정 후 180일간 병세가 지속되면 보험금을 지급한다고 규정하고 있을 뿐, 180일 경과 시 보험금 지급 사유가

된다는 내용이 없다. 보험회사의 논리대로 한다면 소비자가 계약을 갱신하지 않으면 기존 계약대로 2,000만 원을 받지만, 갱신했기 때문에 1,000만 원으로 감액되는 부당한 경우가 발생할 수 있는 것이다.

한국소비자원에서는 90일 내지 180일의 경과 기간을 둔 것은 일시적인 병세로 회복 가능성이 있는지를 판단하려는 기간일 뿐 보험금 지급 사유의 발생 시점은 아닌 것으로 판단하였다. 그렇다면 진단 확정 시 납입한 보험료를 기초로 보험금을 산정하므로 1,000만 원이 아닌 2,000만 원을 지급해야 하는 것이다. 아울러 소멸 시효의 기산점 역시 진단 확정일로 보고 있으므로 76세 이후 갱신된 계약이 아닌 기존 계약으로 보험금을 산정해야 한다고 의견을 전달하였다. 이에 보험회사는 치매보험금 2,000만 원을 제대로 씨에게 지급하였다.

암 진단 방법과 보험금 분쟁

[사례] 동일해 씨(여, 40대)는 1994년 11월 'ㅇㅇ암보험' 계약을 체결하여 오던 중, 2009년 8월 갑상선에 대해 미세침 흡인검사를 통해 갑상선암 진단을 받았다. 이에 보험금을 청구하자 보험회사는 가입한 보험 약관상 암 진단 확정은 조직 또는 혈액 검사에 대한 현미경 소견을 받아야 하는데 미세침 흡인검사로 암 진단을 받았으므로 보험금을 지급할 수 없다고 하여 분쟁이 발생하였다.

✎

[결과] 미세침 흡인검사(FNAB) 외에 미세침 흡인 세포검사(FNAC)도 의학

적으로 동일한 효과를 갖는 암 진단 방법으로 인정하고 있는 다수의 분쟁 조정 사례[금감원 분조 제2005-33호(2005.5.30), 제2010-55호(2010.6.29)]가 있다. 또한 미세침 흡인 세포검사상 암이 의심되는 소견이 있으면 더 이상의 검사 없이 수술하는 것이 통례여서 이를 인정한 판례(서울지방법원 2002.9.18 선고, 2002나3579 판결)도 있다.

갑상선암의 수술 전 진단법으로서 미세침 흡인검사(FNAB) 및 미세침 흡인 세포검사(FNAC) 모두 정확도가 95% 이상으로 진단 시 별도 검사 없이 수술을 하는 점, 현재 판매하는 암보험에서는 미세침 흡인검사 (FNAB)도 진단 방법의 하나로 인정하고 있는 점을 감안하여 보험금 지급을 권고하였다. 이에 보험회사는 암 진단 보험금 1,250만 원을 동일해 씨에게 지급하였다.

 48
수술 방식과 보험금 분쟁

[사례] 수술해 씨(여, 30대)는 2008년 10월 'ㅇㅇ 의료보험' 계약을 체결하여 오던 중, 2009년 9월 자궁경부암이란 진단을 받고 전기 소작술을 시행하여 치료 후 16대 질병 수술비 보험금을 청구하였다.

보험회사는 전기 소작술이 전기 메스 등을 이용하여 고열로 조직을 파괴하는 것이지 의료 기계를 이용하여 생체에 절단, 적제를 하는 것이 아니므로 보험금을 지급할 수 없다고 하여 분쟁이 발생하였다.

[결과] 보험회사가 주장하듯이 전기 소작술은 고열로 조직을 파괴하는

수술이다. 그러나 일부 생명보험 상품에서는 1종 수술 보험금을 지급하고 있으며, 법원에서도 보험 약관에서는 수술비의 지급 대상이 되는 수술을 의료 기계를 사용해 신체의 일부를 절단하거나 절제하는 외과적 치료 방법으로 제한하고 있지 않다. 또한 법원은 바늘을 종양 안에 삽입한 다음 고주파 영역에서 교차하는 전류를 통하게 하여 발생하는 마찰열로 종양 세포를 괴사시키는 고주파 절제술도 넓은 의미의 수술에 포함될 여지가 충분히 있다고 본 바 있다(대법원 2011.7.28, 선고 2011다30147 판결).

따라서 한국소비자원에서는 신청인의 상태가 비교적 중하여 전기 소작술을 통해 약관상 수술로 예시된 절제에 가까운 치료가 이루어졌고, 전기 소작술이 약관에서 수술이 아닌 것으로 보는 흡입, 천자 등의 조치에 해당하지 않으므로 대법원 판례처럼 수술 보험금을 지급해야 한다고 보았다. 이에 보험회사는 수술 보험금 200만 원을 수술해 씨에게 지급하였다.

경미한 외부 요인이란?

[사례] 사고로 씨(남, 30대)는 2002년 11월 '○○ 종신보험' 계약을 체결하여 오던 중, 2008년 5월 25킬로그램 상당의 방수 공사 재료를 들고 가다가 미끄러지면서 부상을 입어 척추 추간판 제거술을 시행받았다.

보험금을 청구하자 보험회사는 기존에 척추 질환이 있었고 의료 자문 결과 사고에 의한 외상 관여도가 25%이므로 재해가 아닌 질병에 의한 것인 만큼 상해보험금을 지급할 수 없다고 하여 분쟁이 발생하였다.

[결과] 우선 보험회사가 주장하는 외상 관여도 25%는 객관성이 떨어진다. 사고로 씨를 직접 진료하지 않은 보험회사 자문의의 판단일 뿐인 것이다. 실제로 사고로 씨가 계약한 다른 2개 보험회사는 외상 관여도를 40%로 보아 보험금 지급했다. 판례를 봐도 이는 부당한 조치이다. 하급심이긴 하지만 사고와 외상 관여도가 30% 이상이면 보험 약관에서 면책으로 정한 '경미한 외부 요인에 의한 사고'로 볼 수 없어 보험금 지급하도록 한 판례(부산지방법원 2005가합 14109)가 있다. 또한 사고와 외상 관여도가 25%인 경우에는 경미한 외부 요인으로 보아 상해보험금 지급 책임이 없다고 한 판결(창원지방법원 2006가단 14182)도 있다.

이상에서 보듯이 외상으로 인한 관여도가 30% 이상이면 경미한 외부 요인에 의한 것으로 보지 않고 있는 만큼 양 당사자가 동의하는 제3의 병원에서 사고로 씨의 상태를 직접 진료 후 외상 관여도를 판단하는 것이 합리적이라는 의견을 전달하였고 양자는 제3의 병원에서 신체 감정을 받기로 하였다.

🗂 50
일방적인 보험사의 의료 자문

[사례] 공정희 씨(남, 50대)는 2003년 2월 '종신보험' 계약을 체결하여 오던 중, 2009년 5월 '열공성 뇌경색'(I63.9) 진단을 받아 뇌경색 보험금을 청구하였다.

보험회사는 자문 의사의 소견을 토대로 '오래된 열공성 뇌경색'(I69.4)

으로 보아 보험금 지급 대상인 표준질병 분류코드 I60~I66에 해당하지 않으므로 보험금을 지급할 수 없다고 하여 분쟁이 발생하였다.

✎

[결과] 뇌경색은 크게 혈전에 의해 혈관이 막히기 전에 저절로 녹아 그 증상이 몇 분 또는 몇 시간(최대 24시간 이내) 사라지는 '일과성 허혈발작'(G45)과 가느다란 혈관이 손상되어 막혀버리면 아주 작은 크기의 뇌경색이 생길 수 있는 '열공성 뇌경색'(I63), 과거에 발병되었던 뇌경색의 신경 증상이 잔존하는 '뇌경색증의 후유증'(I69)으로 나눌 수 있는데 이 중 '열공성 뇌경색'만 보험금 지급 대상이 된다.

그러나 판례는 보험회사 측 진단만을 근거로 보험금 지급을 거절할 수 없도록 하고 있다. 예컨대 대학 병원에서 2회에 걸쳐 원고의 증상을 뇌간경색증(I63.9)로 진단한 바 있고, 재활의학과에서도 원고의 증상을 뇌경색증(I63.8)로 진단한 사실이 있는 경우가 있는데, 이를 두고 보험회사 자문의가 일과성 뇌허혈증(G45)이라는 소견을 밝힌 점과 뇌간경색증이라는 진단이 기재되어 있지 않은 방사선 판독 결과지를 토대로 진단한 ○○ 병원의 '뇌경색 후유증'(I69.9) 진단만으로는 원고의 증상이 뇌경색증이 아니라고 할 수 없다고 판결한 것이다(서울중앙지방법원 2010나8210 판결).

공정희 씨의 경우도 보험회사는 자문의의 소견을 기초로 '뇌경색의 후유증'(I69.4)이라고 주장하지만 담당 의사가 이미 보험금 지급 책임이 있는 열공성 뇌경색으로 진단하였고, 보험회사와 이해관계가 있는 자문의 소견 외에 다른 소견은 없으므로 담당 의사의 소견을 기초로 해야

할 것이라고 판단하였다. 이에 보험회사는 뇌경색 진단 자금 700만 원을
공정희 씨에게 지급하였다.

51
판단 기준은 담당 의사의 소견

[사례] 갑자기 씨(남, 50대)는 2006년 11월 'ㅇㅇ 플러스 보장보험' 계약을
체결하여 오던 중, 2010년 1월 아침식사 후 어지럼증을 호소하다가 구토
후 넘어지면서 응급실로 이송했으나 사망하였다.

담당 의사가 흉부X선 소견과 심근효소 검사를 통해 급성 심근경색으
로 추정하여 보험회사에 진단 급여금 1,000만 원을 청구하자, 보험회사
는 돌아가신 분이 급성 심근경색으로 진단받거나 치료받은 사실이 없고,
급성 심근경색으로 진단하는 주요 검사인 'CK-MB', '트로포닌(troponin)
1' 수치가 모두 정상인 점으로 보아 급성 심근경색이 아니라며 보험금
지급 거절하여 분쟁이 발생하였다.

✎

[결과] 돌연사에 의한 질병 사망인 경우 심장 질환이 의심되는 경우가
가장 많은데, 사전 증상이 없다가 갑자기 심장에 과도한 부담을 주면서
사망하는 경우가 많다. 이 건도 임상 의사로부터 급성 심근경색에 의한
사망으로 추정된다는 소견서를 받았고 동 소견의 기초로 X선 촬영 및
혈액검사 중 미오글로빈(myoglobin) 수치 증가 등의 의학적 소견에 기초
하여 내린 소견이고 사체 검안서에도 중간 선행사인 및 선행사인으로
급성 심근경색이 기재되어 있었다.

법원은 보면 망인이 자택에서 갑자기 쓰러져 이미 사망한 상태로 병원에 도착한 상태에서 담당 의사가 혈액 검사 중 'CK-MB' 수치가 정상이 아닌 점을 기초로 사망 원인을 급성 심근경색으로 추정했다면 보험회사는 보험금을 지급해야 한다고 판결한 바 있다(서울고등법원 2010 나 26082). 또한 방안에 구토 흔적이 남아 있고 당직 의사가 심전도, 맥박 체크 등을 통해 사인을 추정한 것이므로 추정 사인을 의심할 만한 반대 증거가 없는 한 전문 의사의 소견으로 보험금 지급해야 한다는 판결도 있다(대구지방법원 영덕지원 2009가단).

보험회사의 주장처럼 다른 주요 표지자인 CK-MB나 트로포닌 (troponin)1 수치의 증가가 없다 하더라도 임상 전문의가 합리적으로 내린 결론이므로 판례처럼 약관에서 정한 임상학적 판단에 따른 진단 확정에 부합된다 할 것이다. 이에 소비자분쟁 조정위원회는 보험회사가 갑자기 씨에게 1,000만 원을 지급하라고 조정 결정을 내렸다.

52
암 환자의 요양 병원 치료비 지급 분쟁

[사례] 요양중 씨(여, 40대)는 2007년 'ㅇㅇ보험'에 가입하여 오던 중 2009년 12월 1일 갑상선암으로 모 병원에서 세 번째 수술을 시행하고, 요양 병원으로 전원하여 치료하였다. 이에 치료비 및 입원 일당을 청구하였는데, 해당 보험회사는 보험금의 60%만 지급하겠다고 하며 지급을 지연시키고 있었다. 요양중 씨는 가입한 다른 3개 보험회사에서는 모두 보험금을 지급했음에도 유독 해당 보험회사만 보험금 중 일부만 지급하겠다는

것은 부당하고 주장하여 분쟁이 발생하였다.

[결과] 요양중 씨는 병원에서 압노바 등 주사적 처치와 고주파 온열 치료를 하고 있는 만큼, 암과 관련한 직접적인 치료를 위해 입원한 것이라고 주장하였다. 그러나 법원은 요양 병원과 관련한 판례(부산지법 2006가합 6648호, 서울고등법원 2005나36023)에서 요양 병원에서 압노바나 헬릭소와 같은 대체 주사 요법 등을 시행한 것은 암의 직접적인 치료와 상관없는 것으로 보고 있으며, 신청인이 치료받는 요법이 암의 직접적인 치료로 인정할 만한 근거를 찾을 수 없다고 하였다.

　통상 보험회사는 방사선 치료 등 암에 대한 직접 치료 후 요양 병원에 전원한 경우, 분쟁을 예방하기 위해 주사 요법을 시행한 날에 한해 암 입원비를 지급하고 있다. 통상 2일에 1회씩 주사를 맞고 있으므로 전체 치료비의 50%에 상당하는 금액을 지급하는 경우가 많다. 그런데 요양중 씨의 경우는 해당 보험회사가 요양 병원 입원일 수에 대해 보험금의 60%까지 지급하였으므로 법원 판례나 실무 관행에 비추어 부당하다고 보기 어려운 것으로 판단하였고 결론적으로 보험회사의 주장을 수용하게 되었다.

 53
암 진단 연령을 둘러싼 분쟁

[사례] 나이로 씨(남, 40대)는 자녀가 9세 때인 1999년 자녀를 위해 모 보험회사와 만 24세를 만기로 하는 'ㅇㅇ건강보험' 계약을 체결하여 유

지하던 중, 자녀가 20세가 되던 해인 2010년 2월 17일 림프종 진단을 받아 소아암 진단비 3,000만 원 및 소아암 수술비 500만 원을 청구하였다. 그런데 보험회사는 보험의 만기 나이는 24세가 맞지만 약관상 소아 3대 암은 17세까지만 보장되므로 일반 암 진단비 1,000만 원을 지급하여 분쟁이 발생하였다.

✎

[결과] 보험회사는 약관에 "이 보험에서 소아 3대 암의 보장은 피보험자 연령 17세에 한합니다"라고 규정되어 있으며 관련 판례에 비추어 약관의 설명 의무를 위반한 것으로 볼 수 없다고 주장하였다. 또한 상세 불명의 B-세포 림프종은 수술로 치료하는 병이 아니므로 신청인의 소아 3대 암 진단 자금 및 암 수술 자금 지급 요구는 수용하기 어렵다고 하였다.

소아암은 '한국표준 질병사인 분류'의 기본 분류에 있어서 "소아 3대 암"으로 분류되는 질병으로 약관에서 이것만 17세로 한정한다면 이는 해당 계약의 중대한 내용으로 계약자에게 반드시 명시·설명해야 할 사항이라고 할 수 있다. 그러나 보험 모집인은 이를 설명하지 않은 사실이 인정되었다.

당시 계약자가 이러한 내용을 충분히 예상할 수 있었다고 보기 어렵고, 소아암의 진단 연령에 제한이 있다는 약관 조항이, 이미 법령에 의하여 정하여진 것을 되풀이하거나 부연하는 정도에 불과한 사항에 해당된다고 보기도 어렵다. 즉, 소아 3대 암의 경우만 보장 연령이 낮다는 사실은 계약에서 매우 중요한 내용으로 이를 충분히 알리지 않은 점은 보험회사의 의무 소홀로 볼 수 있다는 것이다. 다만, 이 사례에서 외과병리 검사 보고서와 수술 확인서에 따르면 2개의 조직을 포매(包埋)하고, 경부종물의 조직 검사를 시행한 것에 불과하여 치료 목적에 의한 수술로 보기 어려우므로 암 수술 자금은 지급하지 않는 것이 타당하다고 판단되었다. 이에 소비자분쟁 조정위원회는 보험회사가 소아 3대 암 진단 자금 3,000만 원 중 먼저 지급된 1,000만 원을 제외한 2,000만 원을 나이로 씨에게 지급하도록 결정하였다.

54
미고지한 위염과 위암의 관계

[사례] 위이상 씨(여, 50대)는 2009년 5월 15일 XX공제와 '(무)○○ 종신공제 1종' 보험 계약을 체결하여 유지하던 중, 2009년 10월 28일 위암 진단을 받고 암 진단비, 입원비, 수술비 등 보험금 지급을 청구하였다. 이에 XX공제는 B씨가 공제 가입 전인 2006년 9월 29일 위 내시경 검사 및 2008년 10월 18일부터 2009년 4월 27일까지의 위염을 치료한 사실이 있음에도 가입 당시 이러한 치료 사실을 미고지했으므로 고지 의무 위반에 따라 계약을 해지한다고 통보하였다. 또한 위염과 위암은 상당인과관계가 있다며 공제금 지급도 거절하여 분쟁이 발생하였다.

✎

[결과] 위이상 씨는 2006년 위축성 위염이 전정부에서 발견된 반면 2009년 발견한 위암은 상부 위체부여서 위축성 위염과 위암 발생 장소가 달라 위축성 위염과 위암의 인과관계가 의학적으로 뚜렷하다고 보기

어려운 상태였다.

　의료 전문가에게 자문을 구한 결과, 일반적으로 우리나라에서는 40세 이상 성인에서 내시경상 위염의 출현율은 60~80% 이상으로 추정되는데, 실제 위암 발생률은 10만 명당 30명 내외로 알려져 있다. 흡연 → 폐암(10~20배 발암 가능성), 바이러스 간염·간경변 → 간암(100~300배 위험)에 비해 위염 → 위암(1.2~5.5배 위험)은 의학적 인과관계가 뚜렷하지 않다고 회신하였다.

　고지 의무 위반이 성립하기 위하여는 신청인이 고의 또는 중대한 과실로 인하여 중요한 사항을 고지하지 아니하거나 부실의 고지를 하였어야 하나, 신청인이 6회에 걸쳐 병원 진료를 받는 동안 의사로부터 특별한 병명을 고지받지 못한 점 및 위염, 소화불량, 복통 등 비교적 경미한 증상으로 병원을 찾은 점, 위염은 일반인들에게 치료가 필요한 심각한 질병으로 여겨지지 않는 점 등 종합하면 고의 또는 중대한 과실로 중요한 사항을 고지하지 아니하였다고 보기도 어려웠다. 이에 소비자분쟁 조정위원회는 공제 계약에 따른 공제금 874만 5,000원을 위이상 씨에게 지급하라는 내용의 조정 결정을 하였다.

55
오토바이 운전도 미리 알려야 한다고?

[사례] 평범한 씨(남, 50대)의 자녀는 2009년 'ㅇㅇ보험'에 가입했는데 가입 후 자녀가 오토바이를 타다가 사망한 사고가 발생하였다. 이에 보험회사는 위험률에 변동이 있는 자녀의 오토바이 탑승 사실을 통지하지 않았으

므로 통지 의무 위반이며, 약관에 비례 보상 조항이 없으므로 보험금 전부를 지급할 수 없다고 하여 분쟁이 발생하였다.

❧

[결과] 보험 약관상 계약 후 피보험자가 직업 또는 직무를 변경하거나 이륜자동차 또는 원동기 장치 자전거를 직접 사용하게 된 경우에는 통지하도록 규정하고 있다. 또한 직무 또는 직업의 변경에 대해서는 위험요율의 변동에 따라 비례 보상하도록 규정한 반면, 오토바이 탑승에 대해서는 비례 보상 규정을 두고 있지 않다.

보험회사는 동 조항을 이유로 비례 보상 조항이 없으므로 보험금을 면책하는 것이 타당하다고 주장하나, 한국소비자원 전문위원은 약관이 불명확할 경우 작성자인 보험회사에 불리하게 해석해야 하고 그럴 경우 최소한 비례 보상하는 것이 타당하다는 의견을 제시하였다.

법원에서도 보험 가입 후 이륜자동차를 운전하게 된 경우 사고 발생의 위험이 현저하게 변경 또는 증가된 경우에 해당하므로 보험회사에 지체없이 알려야 한다는 사실을 설명하지 않았다면 동 조항은 약관의 중요한 내용에 해당하여 계약의 내용으로 주장할 수 없다고 판결(대법원 2010.3.25. 선고 2009다91316,91323 선고)한 사례가 있다. 즉, 이륜자동차를 타게 되면 그 사실을 보험회사에 알려야 한다고 가입자에게 설명해야 한다는 것이다.

다만, 최근 보험 상품은 '이륜자동차 운전 중 상해 부담보 특약'을 통해 보험 기간 중 이륜자동차를 운전(탑승 포함)하던 중 발생한 상해 사고에 대해서 보험금을 면책하도록 규정하고 있어 동 특약에 가입한 경우에는 보통 약관보다 우선하므로 비례 보상도 어렵다 할 것이다. 이에 결국 보험회사는 평범한 씨에게 비례 보상으로 3,800만 원을 지급하였다.

56
치료를 직접 목적으로 한 수술

[사례] 회복중 씨(남, 60대)는 1992년 'ㅇㅇ암보험'에 가입하여 오던 중, 2010년 4월 직장암 진단을 받아 수술을 시행하고 6개월 뒤 장루 복원술을 시행하였다. 이에 암 수술 보험금을 청구하자 보험회사는 장루 복원술은 암의 치료를 직접 목적으로 한 수술이 아니라며 거절하여 분쟁이 발생하였다.

[결과] 보험 약관은 "보험 기간 중 피보험자가 암 보장 책임 개시일 이후에 암으로 진단이 확정되고 그 암의 치료를 직접 목적으로 하여 수술을 받았을 때" 암 수술 보험금을 지급하도록 규정하고 있다. 여기서 "암의 치료를 직접 목적으로 한 수술"이 어디까지인지에 대해 보험 계약자와 보험회사 간의 해석이 달라 계속 분쟁이 발생하고 있다. 이에 대해 법원은 ① '암의 치료'는 암의 제거나 증식 억제뿐만 아니라 암으로부터 발현되는 증상의 호전 또는 암 환자의 생명 연장을 위한 치료를 포함하고 ② '암의 치료를 직접 목적으로 하는 수술'에서 '직접'이라는 표현은 '암'만을 한정 수식하는 것이 아니라 '암의 치료'를 한정 수식하며 ③ '암의 치료를 직접 목적으로 하는 수술'은 암을 제거하거나 암의 증식을 억제

하기 위한 수술로 한정되는 것이 아니라 암 자체 또는 암의 성장으로 인하여 직접 발현되는 중대한 병적 증상을 호전시키기 위한 수술을 포함하지만 ④ 단, 암이나 암치료후 그로 인하여 발생한 후유증을 완화하거나 합병증을 치료하기 위한 수술은 포함하지 않는 것으로 판단하고 있다 (대법원 2010.9.30. 선고 2010다40543 선고).

이에 회복중 씨의 수술이 비록 암 종양을 제거하는 수술은 아니지만 상태가 중해 회복 및 향후 생활을 위해 필수적으로 시행해야 하는 수술이고, 판례에 비추어 볼 때 직접 치료가 아니더라도 생존 목적상 시행하는 수술은 중대한 병적 증상을 호전시키기 위한 수술에 포함되는 것으로 판단하여 보험금 지급을 권고하였다.

결국 보험회사는 회복중 씨에게 암 수술 보험금의 90%를 지급하고 분쟁 취하에 합의하였다.

 **57**
보험사의 의료 자문을 통한 삭감

[사례] 영화광 씨(남, 30대)는 2009년 10월 극장에서 영화를 보고 나오던 중 바닥에 물기가 있어 미끄러지면서 대퇴부 골절로 전치 16주 진단을 받았다. 보험회사는 영화광 씨가 소아마비가 있어 사고 발생의 위험이 높았고 체질적 요인에 의해 더 큰 부상을 입었다며 의료 자문을 토대로 보험금의 50%를 일방적으로 삭감하여 분쟁이 발생하였다.

[결과] 회사가 주장하듯 피해자에게 체질적 요인에 의한 기왕증이 있는

경우 실제 손해만큼 배상하는 배상 책임 보험에서는 체질적 요인에 의한 기왕증 여부를 판단해서 그만큼 감액할 수 있다.

법원에서도 "교통사고로 인한 피해자의 후유증이 사고와 피해자의 기왕증이 경합하여 나타난 것이라면 사고가 후유증이라는 결과 발생에 기여하였다고 인정되는 정도에 따라 상응한 배상액을 부담하게 하는 것이 손해의 공평한 부담이라는 견지에서 타당"한 것으로 보고 있다(대법원 1999.6.11. 선고 99다7091 판결, 2011. 5. 13. 선고 2009다100920 판결).

다만, 상해보험은 배상 책임 보험이 아닌 개별적 약정에 의한 보험이므로 가입한 보험 약관에 기왕증이나 체질적 요인에 의한 사고 기여도를 감액할 수 있는 조항이 있는지 여부에 따라 달라지는데, 약관에 감액한다는 조항이 없음에도 보험회사가 감액하여 지급한 것은 부당한 것으로 보고 있다(대법원 1999.8.20. 선고 98다40763, 40770 판결, 2002.3.29. 선고 2000다18752, 18769 판결, 2007.4.13. 선고 2006다49703 판결 등 참조).

영화광 씨의 경우 영화관의 관리 소홀로 인한 배상 책임을 청구하는 사건으로 소아마비로 인해 사고 발생 및 외상에 취약한 기왕증 소인이 있는데, 그럴 경우 기여도 부분에 대해서는 일부분 감액하는 것이 타당하다 할 것이다. 다만, 보험회사가 일방적인 의료 자문을 통해 50% 감액을 주장하는 것은 타당하지 않으므로 제3의 병원에서 신체 감정 후 그 결과에 따라 처리하도록 권고하였다.

결국 보험회사는 제3의 병원에서 신체 감정한 사고 기여도 20%만 공제한 후 보험금을 지급하였다.

58
정당방위는 보험금 받는다

[사례] 스스로 씨(여, 30대)는 2011년 9월 배우자와 부부싸움을 하던 중 배우자가 머리 부분을 밀쳐 쓰러지면서 부상을 입어 응급실로 이송되어 X-ray 및 CT 촬영을 하여 70만 원의 치료비가 발생하였다. 이에 보험회사에 치료비 지급을 요청하자 부부싸움이라는 폭력 행위를 하다가 발생한 사고이므로 보험금을 지급할 수 없다고 하여 분쟁이 발생하였다.

✎

[결과] 손해보험 약관에는 '피보험자의 형법상의 범죄 행위 또는 폭력 행위는 보상하지 않는 면책손해로 규정하고 있지만, 형법상의 정당방위에 해당하는 경우는 보상하도록 규정하고 있다. 아울러 피보험자의 폭력 행위가 없이 일방적으로 폭력을 당한 경우에는 마찬가지로 면책 조항에 해당하지 않아 보험금 지급이 가능하다.

어디까지가 폭력이고 정당방위인지에 대해 판단하기 어려운 측면이 있는데 법원은 형법에서 규정한 폭력에 대해 "신체적 고통을 주는 물리력의 작용을 의미하는 것"(대법원 2003.1.10. 선고 2000도5716 판결)으로 보고 있고, 금융감독원 분쟁 조정 사례(제2010-68호)에서는 상대방의 멱살을 잡고 흔들어 넘어뜨려 기소유예 처분을 받은 사건도 폭력 행위로 판단한 바 있다.

정당방위에 대해서는 "부부싸움 중 폭력 행위를 견디다 못해 칼로 살해한 행위"처럼 방어적인 행위가 아닌 공격적인 행위를 하거나 과잉 방어를 한 경우는 정당방위로 보고 있지 않다(서울서부지방법원 2010.10.11.

선고 2010고합209 판결).

　스스로 씨의 경우는 부부싸움 중 배우자가 밀치면서 부상을 입은 사고로, 보험회사가 보험금을 지급하지 않기 위해서는 최소한 스스로 씨가 부부싸움 중 배우자에게 물리적인 폭력을 행사했다는 증거가 있어야 하는데, 일방적으로 폭력 행위를 당했다는 진술만 있어 보험회사가 면책할 수 있는 사유에는 해당되지 않는다 할 것이었다. 결국 보험회사는 스스로 씨에게 보험금을 지급하였다.

59
같은 수술을 두 번 받았을 때

[사례] 병상에 씨(남, 50대)는 1999년 11월 'ㅇㅇ보험'에 가입하여 오던 중, 2011년 7월부터 8월까지 결석 치료를 위해 각기 다른 부위에 세 차례에 걸쳐 체외 충격파 쇄석술(ESWL) 치료를 받고 수술 보험금을 청구하였다. 이에 보험회사는 증권에 기재된 대로 1회에 해당하는 수술 보험금을 지급했지만 2회에 대해서는 수술 후 60일이 경과되지 않았다며 보험금 지급을 거절하여 분쟁이 발생하였다.

[결과] 체외 충격파 쇄석술(extracorporeal shock wave lithotrlpsy; ESWL)이란 체외에서 발생 시킨 충격파의 초점을 체내의 결석에다 맞추어 충격파를 발사함으로써 고에너지 충격파의 파괴력을 이용하여 요로 결석 또는 신장 결석을 짧은 시간 내에 미세한 가루로 분쇄하여 자연 배출시키는 방법으로 일반적으로 방광에 있는 요로 결석일 때 시술한다.

보험 약관에는 "충격파에 의한 체내 결석 파쇄술을 2종 수술로 분류하면서 시술 개시일로부터 60일간 1회의 급여를 한도"로 정하고 있다. 금융감독원 분쟁 조정 사례에는 "충격파에 의한 체내 결석 파쇄술은 시술 개시일로부터 60일간 1회의 급여를 한도로 하는 등 시술 경과 기간에 대해서만 정했을 뿐 대상 질병 등에 대해서는 제한을 두지 않았으며, 서로 다른 부위(요관, 신장)에 발생한 결석 치료를 위해 각각 체외 충격파 쇄석술을 시행했다면 수술 보험금을 지급하는 것이 타당"하다고 결정한 사례(제2010-9호)가 있다. 다만, 체외 충격파 쇄석술과 유사한 체외 충격파 치료(ESWT)에 대해서는 충격파라는 원리는 같지만 물리적 파괴가 아닌 생리적 용해에 해당되어 수술 보험금 지급 대상이 아니라고 결정한 사례(금융감독원 2011-33호)도 있었다.

병상에 씨의 경우도 각기 다른 부위에 대해 체외 충격파 쇄석술을 시행하였고 가입한 보험 약관에 2종 수술로 명확히 기재되어 있는 점을 감안할 때 금융감독원 분쟁 조정 사례처럼 각각 수술에 대해 보험금을 지급하도록 권고하였다. 결국 보험회사는 병상에 씨에게 2회 수술 보험금 1,000만 원 및 지연 이자를 지급하였다.

버스에서 파손된 소지품 보상 요구

[사례] 디지털 씨(남, 30대)는 2010년 5월 시내버스에 탑승하여 가던 중 버스가 가로수를 충돌하는 사고가 발생하여 신청인이 소지하고 있던 디지털카메라, 휴대전화, MP3가 파손되었다. 이에 디지털 씨는 보험회

사에 보상금을 요구했으나 회사 측에서 약관상 "자동차에 싣고 있거나 운송 중인 물품에 생긴 손해"에 대해서는 면책에 해당된다며 지급을 거절하여 분쟁이 발생하였다.

✑

[결과] 보험회사는 디지털 씨의 파손된 소지품에 대해 "피보험자가 소유, 사용, 관리하는 재물로 자동차에 싣고 있거나 운송 중인 물품"에 해당되므로 보상할 수 없다고 주장하였다.

그러나 디지털 씨의 소지품이 여기에 해당하려면 조건이 필요하다. 즉 화물 운송 또는 물건의 운반이나 이동을 전용으로 하는 자동차에 실려 있거나, 운반 중인 물건이거나, 여객은 탑승하지 않고 수하물만 피보험자 또는 운전자에게 의뢰하여 탁송 중인 물건, 고속버스 여객으로부터 물건을 인도받아 화물칸에 보관하거나 운송 중인 물건 등에 해당해야 하는 것이다. 그러나 이 경우 디지털 씨가 직접 탑승하여 관리하던 소지품이었으므로 동 물건에는 해당되지 않는다 할 것이다.

결국 피보험자가 소유, 사용, 관리하는 재물도 아니고 운송 보험의 대상이 되는 수탁 화물도 아닌 디지털 씨의 소지품은 대물 배상의 대상이 된다. 또한 자동차보험 약관은 탑승자와 통행인의 "분실 또는 도난"으로 인한 소지품에 생긴 손해에 대해서는 보상하지 않지만 "훼손"된 소지품에 대해서는 1인당 200만 원을 한도로 실손 보상하도록 규정하고 있다.

디지털 씨의 경우도 분실 또는 도난이 아닌 훼손된 소지품에 해당하므로 200만 원 한도 내에서 실손 보상해야 하는 것은 물론 사고의 책임이 운전자의 부주의로 인한 것인 만큼 200만 원을 넘는 손해가 발생했다면

이에 대해 손해 배상 청구도 가능하다. 결국 보험회사는 디지털 씨의
훼손된 소지품에 대해 보험금을 지급하였다.

국민건강보험공단 치료비와 보험금

[사례] 별개로 씨(남, 40대)는 2010년 7월 자동차를 운전하고 가다가 빙판
길에 미끄러지면서 충돌하는 사고로 부상을 입고 경추 고정술 등 수술을
시행하였다. 이에 치료비 2,200만 원 중 국민건강보험공단이 부담한
1,100만 원은 별개로 씨가 부담하지 않아 '실제 치료에 소요된 비용'이
아니라며 지급을 거절하여 분쟁이 발생하였다.

✎

[결과] 자동차보험 자기 신체 사고 약관에 있던 '실제 치료비'는 2004년
6월경 보험업 감독업무 시행세칙 개정을 통해 '실제 소요된 치료비'로
개정되었다. 그러다 2011년 6월 1일부터는 피보험자가 배상 의무자 이
외의 제3자(건강보험공단, 산재 보험공단 등)에서 지급된 치료비는 부상 보험
금에서 제외하기로 약관을 개정하여 시행하였다. 그전까지는 '실제 소요
된 치료비'라는 게 국민건강보험공단 등이 부담한 치료비를 포함하는지
여부에 대해 명확하지가 않아 분쟁의 소지가 있었다. 그러나 이처럼
해석의 여지가 있을 경우는 「약관의 규제에 관한 법률」에 의거 작성자인
보험회사에 불이익하게 해석해야 하므로 국민건강보험공단 등이 부담
한 치료비에 대해서 보험금 지급 책임이 발생한다 할 것이다.
　별개로 씨와 유사한 사례로서 자기 신체 사고 보험 약관상 '실제 소요

된 치료비'는 피보험자가 직접 지출하였는지 여부를 불문하고 사실상 정당한 치료비를 의미하는 것이므로 산재 보험에서 부담한 치료비를 지급하도록 결정한 하급심 판례도 2건이 있다(수원지방법원 안산지원 2009.4.23 선고 2007가단53556 판결 및 창원지방법원 2011.4.27 선고 2010가소29994 판결). 결국 보험회사는 국민건강보험공단에서 부담한 별개로 씨의 치료비 1,100만 원을 지급하였다.

 02
단순 정기 검진은 고지 의무 위반 아니다

[사례] 솔직한 씨(여, 40대)는 2008년 12월 'ㅇㅇ보험'에 가입하면서 2003년 3월 유방암 진단받은 사실을 보험설계사에게 구두로 고지하였다. 그러나 청약서 질문표의 고지 기간에 가입 전 5년 이내인 2004년 4월 8일 경과 관찰을 위해 정기 검진을 받은 사실과 재발 억제를 위한 보조 치료제를 처방받은 사실은 고지하지 않았다.

그러다 2010년 7월 재발성 유방암과 뇌로 전이되어 보험회사에 보험금을 청구하자 보험회사는 가입 전 5년 내 정기 검진 및 처방 사실을 알리지 않아 고지 의무 위반에 해당된다며 보험금 지급을 거절하여 분쟁이 발생하였다.

✎

[결과] 고지 의무란 보험회사가 보험 계약을 인수하기 전 가입 심사와 인수 기준에 적합한지 여부를 판단하기 위해 물어보는 사항으로, 통상 청약서상의 질문표 내용을 말한다. 이 질문표의 내용에 대해 고의 또는

중과실로 사실과 다르게 알린 경우 보험회사는 가입 후 3년 이내 계약 해지를 할 수 있다. 또한 사고와 고지 의무 사이에 상당한 인과관계가 있는 경우 보험금 지급도 거절할 수 있다.

이 사건에 대해 법원은 "청약서 질문표의 취지가 최근 5년 이내 암, 백혈병 등의 진단을 받았거나 질병으로 치료받은 사실이 있는지를 묻는 것으로 솔직해 씨는 보험 가입 5년 이전에 질병의 치료를 마친 상태이고 그 이후 재발 여부를 확인하기 위해 정기적으로 검사받은 경우도 위 질문에서 알려야 할 사항에 해당하는지는 명확하지 않은데, 청약서는 약관의 일부이므로 불명확한 경우 보험회사에 불이익하게 해석해야 하므로 고지 의무 대상이 아니다"라고 판결하였다(서울고등법원 2012.4.6. 선고, 2011나 72396).

결국 기존에 암에 걸린 사실이 있다 하더라도 보험 가입 5년 이전에 해당하고, 암을 수술로 완치한 상태에서 재발이나 전이 없이 건강하게 살면서 재발 여부 등을 확인하기 위해 단순히 6개월이나 1년 단위로 정기 검진을 받는 것은 보험회사에 알려야 할 고지 의무 대상에는 해당되지 않는다는 것이다. 결국 서울고등법원 판결과 보험회사의 상고 취하로 지급 거절은 철회되었다.

교통사고에서 인과관계

[사례] 용감한 씨(남, 30대)는 2011년 12월 친척이 운전하는 차에 타고 가던 중 운전 미숙으로 차가 빗길에 미끄러지면서 전신주를 충격하는

사고가 발생하였다. 용감한 씨는 운전자와 동승자를 구조 후 피보험 자동차를 구난하는 과정에서 전선이 끊어지면서 감전되어 전신 화상을 입는 사고가 발생하였다.

용감한 씨는 사고 후 수습하는 과정에서 감전으로 화상을 입은 만큼 교통사고와의 인과관계를 인정하여 치료비 지급 보증을 요구했으나 보험회사는 사고와 감전은 아무런 인과관계가 없다며 이를 거절하여 분쟁이 발생하였다.

✎

[결과] 상당 인과관계란 어떤 행위를 했을 때 그 행위로부터 나오는 결과가 일상적이고 경험칙상 통상적으로 발생하는 경우 그 행위와 결과가 상당 인과관계가 있는 것으로 추정할 수 있다. 어떤 행위를 했을 때 일반인이 그 결과를 인식하거나 예견할 수 있는 경우와 일반인이 그 결과를 인식하거나 예견할 수 없었다 하더라도 행위자가 특별히 인식할 수 있었거나 예견할 수 있는 경우도 상당 인과관계에 해당된다 할 것이다.

법원 판례를 보면 저수지의 설치 보존상의 하자로 인해 물에 빠진 사람을 구출하려다가 함께 익사한 사고에 대해서 구조자에게도 설치 보존상의 하자를 인정한 사례(대법원 1993.8.24. 선고 93다22050 판결)가 있으며, 트럭과 버스가 충돌하여 전신주가 넘어진 곳을 지나던 사람이 버스 승객을 구하려다 감전되어서 사망한 사고에 대해 교통사고와 구조자의 감전 사고가 상당 인과관계가 있다고 본 판례도 있다(대법원 1994.10.25. 선고 94다20655 판결).

동 사고도 자동차가 전신주를 충격한 사고이므로 전선이 끊기면 감전

될 위험이 있음을 구호자도 충분히 인식하거나 예견할 수 있었다고 보는 것이 타당할 것이므로 교통사고와 감전 사고는 상당 인과관계가 성립한다 할 것이다.

결국 보험회사는 용감한 씨의 치료비에 대해 지급 보증을 하였다.

피해자가 많이 다치면 처벌받는다

[사례] 2009년 6월 15일 서울중앙지검은 2009년 4월 15일 11시 15분경 서울 중구 을지로 3가 교차로에서 발생한 교통사고의 피해를 물어 버스 운전자를 교통사고 처리 특례법 위반으로 불구속 기소하였다.

교차로에서 좌회전하던 관광버스가 좌측 앞바퀴로 무단 횡단하던 보행자 우측 다리를 역과하여 요치 5개월 이상의 우측 중족골, 경골 개방성 골절상 등을 입어 우측 무릎 20㎝ 아래 절단 수술 등 중상해를 입은 것이다(서울중앙지방검찰청 2009.6.16 검찰 발표 자료 발췌).

[결과] 비록 가해자의 고의성과 과실이 없으나 피해자가 크게 다친 경우다. 예전에는 이런 경우 사망 사고가 아니므로 가해 운전자를 기소하지 않았었다. 그런데 이런 관행에 대해 헌법재판소는 다음과 같이 위헌 결정을 내렸다(2009.2.26. 선고 2005헌마764).

"교통사고처리특례법 제4조 제1항에서 '업무상 과실 또는 중대한 과실로 인한 교통사고로 말미암아 피해자로 하여금 상해에 이르게 한 경우 공소를 제기할 수 없도록' 규정하고 있다. 그러나 교통사고로 인하여 식물 인간이 되거나 평생 심각한 불구 또는 난치의 질병을 안고 살아가야 하는 중상해를 입은 피해자도 비록 생명권이 침해된 것은 아니지만 이에 비견될 정도의 육체적, 정신적 고통을 받게 되고, 정상적인 생활이 불가능해짐에 따라 가족 등 주변인들의 정신적, 경제적 고통도 이루 말할 수 없는 것이므로, 그 결과의 불법성이 사망 사고보다 결코 작다고 단정할 수 없을 것이다. 따라서 교통사고로 인하여 피해자가 사망한 경우와 달리 중상해를 입은 경우 가해 운전자를 기소하지 않음으로써 그 피해자의 재판 절차 진술권을 제한하는 것 또한 합리적인 이유가 없는 차별 취급이라고 할 것이므로 위헌이다."

이 판결이 있기 전까지 자동차 임의 보험에 가입한 경우 가해자는 사망, 뺑소니 및 10대 중과실 사고(중앙선 침범, 신호 위반 등)가 아니면 아무리 피해자가 큰 부상을 입어도 교통사고 처리 특례법에 의해 형사적인 처벌을 받지 않았다. 즉, 피해자가 사망하지 않고 식물 인간 상태가 됐다고 해도 자동차 임의 보험에 가입하였다면 형사 처벌은 면제되고 민사적 손해 배상은 보험이 처리하고 오로지 사고에 따른 벌점만 부과되었던 것이다. 그러나 헌법재판소 위헌 판결로 인해 2009년 2월 26일 이후 발생한 사고부터는 교통사고 중상해자도 교통사고 처리 특례법상의 특례에 해당되지 않아 형사 처벌이 가능해졌다. 검찰이 제시한 교통사고 중상해자의 기준은 다음과 같다.

• 대검찰청 중상해 제시 기준

1)생명에 대한 위험

—인간의 생명 유지에 불가결한 뇌 또는 주요 장기에 대한 중대한 손상

2) 불구

—사지 절단 등 신체 중요 부분의 상실·중대 변형 또는 시각·청각·언어·생식 기능 등 중요한 신체 기능의 영구적 상실

3) 불치나 난치의 질병

—사고 후유증으로 인한 중증의 정신장애, 하반신 마비 등 완치 가능성이 없거나 희박한 중대 질병

4) 기타 기준

—위와 같은 경우에도 치료 기간, 국가배상법 시행령상의 노동력 상실률, 의학 전문가의 의견, 사회 통념 등을 종합적으로 고려한 후 개별 사안에 따라 타당성 있게 판단한다.

• 서울중앙지검 중상해 사건 처리 기준

—특히 식물 인간 상태, 간병인의 보호 없이는 생명 유지에 장애가 있는 사망에 비견될 경우에는 교통사고로 인한 사망 사건에 준하여 처리한다.

—사건 처리 시 운전자와 피해자의 과실 정도, 피해자의 수와 피해 정도, 상당한 피해액이 공탁되었는지 여부 등을 고려한다.

성형 수술도 후유 장애

[사례] 애석해 씨의 자녀 박ㅇㅇ(여, 18세)는 사고 차량에 탑승하여 가던 중 전방에서 진행하던 덤프트럭을 추돌하여 '박ㅇㅇ'가 부상을 입고 성형 수술을 하였으나 신체에 심한 반흔이 남게 되었다. 이에 보험회사에 반흔에 따른 후유 장애인 추상장애 보험금을 청구하자, 보험회사는 인정할 수 없다고 하여 분쟁이 발생하였다.

✎

[결과] 보험회사는 맥브라이드 노동능력 평가표상 추상 장애가 없어 인정할 수 없다고 주장했다. 하지만, 자동차 손해 배상 보장법 시행령 및 국가 배상법 시행령 등에는 신체에 추상이 남은 경우 노동 능력이 감소된다고 보고 있다. 또한 동 규정을 민사상 손해 배상에 준용할 수 있다는 대법원 판례(대법원 1991.8.27 선고 90다9773)도 있다.

　치료 병원은 국가 배상법 시행령 제7급 12호의 '외모에 현저한 추상이 남은 자'를 준용하여 60%의 후유 장애가 있다고 감정하였으나, 실제로 피해자는 신체에 남은 반흔에 대해서 성형 수술도 하지 않은 상태여서 수술 후 호전될 가능성이 상당했다.

　제3의 병원에서 신체 재감정을 실시한바, 성형 수술 후 호전될 정도를 감안하여 15%의 노동 능력 상실이 있다는 감정 결과가 나왔다. 이에 소비자분쟁 조정위원회는 신체 재감정 결과 및 피해자의 신체에 남은 흉터 크기나 위치 등을 감안해 볼 때, 국가 배상법 시행령 12급 13호의 '외모에 추상이 남은 자'를 준용하여 15%의 추상 장애가 있다고 보는 것이 타당하다는 조정 결정을 하였다.

자기 부담금이 없는 렌터카 사고

[사례] 여행중 씨(여, 20대)는 여름휴가를 맞아 2011년 8월 5일~8월 7일까지 친구들과 속초로 여행하기 위해 렌터카 업체에서 SM5 승용차를 대여했다. 그런데 운전 부주의로 속초에서 앞 차량을 추돌하는 사고가 발생하였다.

렌터카 업체는 대물과 대인 보험 처리하려면 70만 원의 면책금이 필요하다고 하여 렌터카 업체에 면책금 명목으로 70만 원을 송금했는데, 실제 사고 처리한 보험 회사에서는 별도로 면책금을 받지 않는다는 설명을 듣고 렌터카 업체에 송금한 70만원의 반환을 요구하자 거절하여 분쟁이 발생하였다.

✎

[결과] 렌터카 사고로 인해 보험 처리할 경우 보험회사는 음주 운전, 무면허 운전으로 인한 대인·대물 배상 관련 보험금 지급 시에만 피보험자(렌트 고객)에게 대인 200만 원, 대물 50만 원의 자기 부담금을 부과할 뿐 그 외에는 피보험자(렌트 고객)에게 별도의 자기 부담금을 부과하지 않는다.

그러나 일부 렌트카 사업자들은 고객의 귀책에 의한 사고가 발생하여 보험 처리하는 경우 자기 부담금을 고객에게 부과한다는 내용의 문구를 계약서에 기재하고 임대 계약 체결 시 미리 약정하는 경우가 있다. 이러한 사업자들은 통상 고객이 자기 부담금을 납부하여야 사고를 자동차보험으로 처리하겠다고 주장하는 경우가 많다.

자동차보험 약관에는 음주, 무면허 운전, 자차 사고를 제외하고는 자기 부담금이 없는데, 이렇게 자기 부담금을 약정하는 렌트카 사업자는 자기 부담금을 부과하지 않을 시 자동차보험 처리로 인한 보험료 할증을 사업자가 부담하고 원인 제공자인 렌트 고객은 아무런 손해가 없으므로 불공평하다는 논리를 내세우고 있다.

그러나 실제 렌터카에 대한 보험료 할인 · 할증은 3년 동안 사업자의 렌터카 전체의 손해율(타간 보험금/납입한 보험료)을 기준으로 단체 할인 할증률이 적용되므로 1회 사고로 곧바로 보험료가 할증되는 것이 아니라 보유 차량 전체의 손해율에 따라 결정되므로 보험요율은 할증될 수도, 현상을 유지하거나 할인될 수도 있어 사업자의 주장은 부당하다.

결국 렌터카 업체가 70만 원을 환급해야 하나 계속 거부하자 여행중 씨가 렌터카 업체를 상대로 반환소송을 제기하였다.

렌터카 대여 인정일

[사례] 수리중 씨(남, 30대)는 차량 운행 중 화물 차량의 신호 위반으로 차량이 파손되어 렌터카를 사용했는데, 수리 기간이 길어져 30일을 넘어

서까지 차량이 수리되지 않아 30일 이후에는 대중교통을 이용하였다.

　보험회사는 실 수리 기간이 30일이 넘었지만 지연 사유가 부품 공급 지연으로 인해 늘어진 것이므로 렌터카를 실제 수리한 10일간만 인정하겠다고 하여 분쟁이 발생하였다.

✎

[결과] 보험회사는 다음과 같이 주장하였다. 신청인 피해 차량 수리 기간이 15일 정도 걸릴 것을 예상하였으나 정비 공장에서 부품 구입 지연으로 30일 이상 수리 기간이 소요된 것으로, 이는 자동차보험 약관에 의거 부품 구입 지연 기간까지 렌트 비용을 인정할 수 없다. 수리 공임 기준으로 렌트 비용을 산정하더라도 약 8일에 불과하므로 최초 10일간 렌트비를 인정할 수도 있으나, 수리 기간 중 공휴일 및 연말 휴일 등이 있어 수리가 불가피하게 지연된 점을 감안하여 15일간의 렌트 비용을 인정하겠다는 것이다.

　그러나 소비자원은 자동차보험 약관에서 '부품 구입이 지연된 기간은 렌트 기간으로 인정하지 않는다'라는 조항은 외국산 자동차로서 국내에서 부품 구입이 어렵거나, 차량 제조사의 폐업 등으로 부품 구입이 원활하지 않은 경우 등 극히 제한하여 해석하고 있다. 신청인 차량은 현재 시판되고 있는 국산 자동차로서 위에서 열거한 부품 구입 지연 사유와는 다르며, 1일 8시간의 수리 공임으로 렌트 기간을 인정하는 것은 실제 차량이 입고되어 출고되기까지 산출하도록 규정하고 있는 자동차보험 약관과 정면으로 배치되는 것으로 이를 인정할 경우 보험 소비자에게 상당한 불이익을 초래하게 된다.

더군다나 소비자는 수리 지연이 신청인의 과실이 아님에도 출고까지 30일을 초과하여 30일 이후에는 대중교통을 이용하는 불편을 겪은 만큼 출고 시까지 대여 자동차 비용 인정 최대 기간인 30일 전부를 지급해야 한다고 판단하였다.

결국 보험회사는 30일간의 렌트 비용을 신청인에게 지급하기로 하였다.

차량과 함께 도단당한 귀중품의 경우

[사례] 전문가 씨(남, 40대)는 자동차보험을 가입하면서 직업의 특성상 차량에 장착하고 있는 고가의 자동차 정비 기계에 대하여 추가 보험료를 납부하고 500만 원의 가액을 설정하였다. 그러던 중 2000년 4월 차량을 도난당하였다 차량은 회수했는데 장착되어 있던 고가의 자동차 정비 기계만 회수하지 못해 500만 원을 청구하였다. 그러나 보험회사는 자동차보험 약관상 일부 부속품만 도난당하면 보험금을 지급하지 않는다며 이를 거절하여 분쟁이 발생하였다.

[결과] 차량은 도난 후 4일 만에 별다른 이상 없이 회수하였으나 차량 적재함에 실려 있던 부속 기계(가입 금액 500만 원)만 도난당했다. 이에 보험회사는 차량 전체가 도난당한 것이 아니라 일부 부속품(기계 장치 포함)만 도난당하면 보통 보험 약관 제45조 "일부 부속품만의 도난 시 보상하지 않음"에 의해 보험금을 지급할 수 없다고 주장한 것이다.

그러나 보통 보험 약관 제45조의 내용은 차량의 전체 도난이 아닌 일부 부속품만의 도난 시 보험 사기 등의 위험이 높기 때문에 이를 방지하고자 면책으로 규정한 조항으로서 신청인처럼 차량 전체를 도난당했다가 일부 부속품이 회수되지 않은 경우와는 다르다.

만약 차량을 회수하지 않았다면 당연히 차량 가격과 부속품 가격을 합한 보험금을 지급해야 하는 점 등을 감안할 때 보험금을 면책 처리한 것은 부당하다.

결국 보험회사는 해당 부속품의 보험금 450만 원(감가상각비 50만 원 공제)을 지급하였다.

자동차의 양도와 양수 조건

[사례] 인도자 씨 외 3명은 2001년 5월 14일 인수자 씨가 운전하는 소나타 차량에 탑승하여 가던 중, 맞은편 차선에서 번호 불상의 화물 차량이 차로를 변경하는 것을 피하려다 중앙선을 침범하여 도로 좌측의 노견봉을 충돌한 후 반전도되어 탑승자 모두 중상을 입는 사고가 발생하였다. 이에 인수자 씨가 탑승 차량 보험회사에 치료비 지급 보증을 요구하자 보험회사는 보험에 가입한 인도자 씨가 운전자 인수자 씨에게 차량을 양도했는데, 인수자 씨가 별도로 보험에 가입하지 않았으므로 치료비 지급 보증을 할 수 없다고 하여 분쟁이 발생하였다.

✎

[결과] 자동차보험 약관상 면책 사유인 '양도·양수'에 해당하려면 양수인이 차량 등록증상의 명의를 변경하였거나 최소한 양도인이 매매 계약

서, 자동차세 완납 증명서 등 이전 등록에 필요한 서류를 교부했음에도 양수인의 사정으로 명의 변경을 하지 않는 등의 전제 조건이 있어야 한다. 그래야 비로소 양도·양수가 이루어져서 양도자의 책임이 없는 것으로 볼 수 있는 것이다.

그러나 사고 차량의 양도인인 인도자 씨에게 확인한 결과, 매매 계약서나 자동차세 완납 증명서 등 이전 등록에 필요한 일체의 서류가 교부되지 않았으며, 이전 등록도 운전자 인수자 씨가 할부 잔금에 해당하는 금액을 마련하면 그때 필요한 서류를 교부하기로 하였다는 사실이 밝혀졌다. 양도인인 인도자 씨 집은 회사에서 멀리 떨어진 관계로 상대적으로 기름값이 싼 인수자 씨의 경유 차량(갤로퍼)을 이용하고 대신 인수자 씨는 사고 차량인 소나타 차량을 이용하기로 구두 약정했던 것이다.

소비자원은 이 사고가 자동차보험 약관상 면책 사유인 '양도·양수'에 해당하지 않으며, 오히려 운전자 인수자 씨는 기명 피보험자이자 명의자인 인도자 씨로부터 차량의 사용을 허락받은 허락 피보험자에 해당하므로 가족 한정 운전 특약과 같은 면책 조항이 없다면 보험금을 지급해야 할 것으로 판단하였다. 결국 보험회사는 탑승자들에 대해 치료비 등 손해 배상금을 지급하기로 하였다.

 70
차량 2대면 동일 증권이 유리

[사례] 두대나 씨(남, 50대)는 차량 2대를 자기 명의로 소유하고 있는데, 보험회사에서 동일 증권이 유리하다고 하여 가입하였다. 그러던 중 차량

1대에 사고가 발생하자 사고가 나지 않은 다른 차량도 할증이 되었다. 두대나 씨는 보험회사에서 동일 증권이 유리하다고 했는데 오히려 불리하다고 주장하여 분쟁이 발생하였다.

✐

[결과] 동일 증권은 차량 소유주만 동일하다면 차량 대수의 제한 없이 보험 기간이 끝나는 시기를 모두 일치시켜 1개의 보험 증권으로 가입하는 제도이다. 무사고 시에는 각각 가입하나 동일 증권으로 가입하나 차이가 없지만 두 차량 중에 1대라도 사고가 발생하면 동일 증권이 훨씬 유리하다. 예를 들어 동일인이 차량 2대를 각각 보험에 가입하고 있을 때 1등급 할증되는 사고가 발생하면 차량 2대 모두 1등급이 할증되어 총 2등급이 할증되지만, 앞선 사례처럼 2대를 동일 증권에 가입했는데 그중 1대가 사고가 발생했다면, 사고 차량은 할증으로 평가하고, 무사고 차량은 할인으로 평가한 뒤 이를 합산하여 차량 대수로 나누어 할증을 분산시키는 역할을 하기 때문이다. 이를 표로 정리하면 다음과 같다.

[표8]

구분	등급	사고 점수	미가입	동일 증권 가입	
A차량	15Z	1점	14Z/할증	14Z/할증	30Z/2
B차량	15Z	무사고	14Z/할증	16Z/할인	=15Z

동일 증권은 사고가 발생한 경우에 유리한 제도이고 특별히 가입 시기를 정하지 않았으므로, 사고 발생 시점에 동일 증권에 가입하지 않았더라도 사고 발생 후에 가입하면 갱신 시 혜택을 볼 수 있다. 단, 동일 증권으로 가입하면 보험 만기 일자가 같아 일시에 보험료를 내야

하는 부담이 있고, 승용 차량과 영업용 차량은 동일인 명의라 하더라도 동일 증권에 가입할 수 없는 점과 2대 모두 같은 보험회사에 가입해야 하는 단점이 있다.

결국 이러한 내용을 소비자에게 안내하고 종결하였다.

📂 71
자동차보험에서 외국 체류 기간

[사례] 돌아온 씨(남, 50대)는 2001년 미국으로 출국했다가 2009년 귀국하여 자동차보험 계약을 체결했는데, 가입 당시 외국 체류 기간이 3년을 넘어 신규 가입에 해당한다고 하여 신규로 가입하였다. 그런데 최근 갱신하는 과정에서 외국 체류 기간은 갱신 계약의 유효 기간에서 제외된다는 사실을 알게 되어 과다 납입한 보험료 환급을 요구하였다.

✎

[결과] 자동차보험은 가입 경력에 따라 할인율이 적용되는데 최초 가입 후 3년간은 할인율에 차등이 있고 3년 이후에는 동일하다. 만약 외국 체류 기간 중 자동차보험을 가입했다면 그 기간도 가입 경력으로 인정받을 수 있다. 아울러 자동차보험은 보험 기간이 끝난 후 1개월 이상 자동차보험에 가입하지 않으면 무보험 상태가 되어 재가입 할인율을 적용받지 못하고 무보험 기간이 3년을 넘으면 전 계약 할인율을 적용받지 못하는데, 외국 체류 기간은 무보험 기간으로 보지 않는다.

그러므로 외국 체류 기간 동안 자동차보험에 가입하지 않았다고 하더라도 다시 국내에 돌아와 자동차보험에 가입할 때 1개월을 넘지 않았다면 재가입에 따른 할인율을 받을 수 있고, 1개월 이상 3년 이내 가입하는 경우라면 전 계약의 할인율을 그대로 승계할 수 있다.

외국 체류 기간에 대한 입증은 '출입국 사실 증명서'를 통해 가능하므로 외국에 체류하였거나 체류 기간 동안 외국에서 자동차보험에 가입한 경력이 있다면 할인이 적용됐는지 여부를 꼼꼼히 따져볼 필요가 있다. 아울러 가입 경력(3년)에 대해서는 군 운전병 경력, 관공서 및 법인체 운전 경력도 해당하며, 할인 할증률은 대리 운전자로 인한 할증이나 보험 사기로 인한 할증 등도 환급의 대상이 될 수 있다.

결국 이 사안은 보험회사 '출입국 사실 증명'을 제출받아 재산정 후 보험료를 환급하는 것으로 종결되었다.

72
침수 사고를 둘러싼 분쟁

[사례] 수해남 씨(남, 20대)는 2010년 9월 차량을 운행하던 중 갑작스런 폭우를 만났다. 승용차 휠의 절반 정도가 물에 잠기는 상황에서 정차 후 출발하다가 시동이 꺼져 견인하였다. 이 피해로 보험금을 신청하자 보험회사는 최초 수리 점검을 했던 정비업체에서 시동이 걸렸다는 이유로 침수 피해가 아닌 차량 노후화로 인한 고장이라며 보험금 지급을 거절해 분쟁이 발생하였다.

[결과] 자동차보험 자기 차량 손해에 가입한 차량은 2003년 이후 침수로 인한 피해에 대해서 차량 가액 한도 내에서 실제 손해액을 보상을 받을

수 있다. 보상을 받을 수 있는 경우는 주차 중이거나 운행 중일 경우에 관계없이 보상이 가능한데, 차문을 열어 물이 들어오게 하거나 불법 주차 중 침수당한 경우, 침수될 위험을 인지하고 있음에도 하상주차장이나 고수부지 등에 주차한 경우, 물이 불어난 지역을 무리하게 통과하다가 침수한 경우 등은 보상받지 못하거나 할증이 되는 경우도 있다.

보험회사는 보통 침수 차량의 경우 재시동이 걸리지 않는데 수해남 씨 차량은 견인한 정비업체에서 재시동이 걸려 침수 사고가 아니라고 판정했다고 주장했다. 그러나 최초 입고한 정비업체 확인 결과, 재시동을 건 상태에서 엔진 소음이 너무 커서 엔진 수리가 필요하다는 소견을 밝혔을 뿐 침수 여부를 확인한 것이 아닌 것으로 확인되었다. 오히려 실제 수리를 담당한 정비업체에서는 에어클리너가 물이 젖어 있고 커넥팅로드가 손상된 점으로 볼 때 전형적인 침수 피해이며 완전 침수가 아니면 재시동이 걸릴 수 있다는 소견을 밝혔다.

보험회사에 최초 견인하여 입고한 정비업체에서 침수 사고가 아니라고 명확히 판정한 것이 아니며, 오히려 실제 수리를 담당한 업체의 소견으로 볼 때 침수 사고가 명백하므로 자차 보험금 지급을 권고하였다.

결국 보험회사는 수해남 씨에게 자차 보험금 120만 원을 지급하였다.

 73
차량을 작업 기계로 사용한 경우

[사례] 작업중 씨(남, 50대)는 2009년 11월 '○○ 운전자 보험'에 가입하여 오던 중, 자기 소유 덤프트럭으로 적재함을 들어 올리던 중 실린더가

파손되어 부상을 입었다. 이에 보험회사에 후유 장애 보험금을 청구하자, 덤프트럭을 자동차가 아닌 작업 기계로 사용했기 때문에 보험금을 지급할 수 없다고 하여 분쟁이 발생하였다.

✎

[결과] 상해보험의 일종인 운전자 보험에서는 자동차보험에서 '운행'보다 좁은 개념인 '자동차 운전' 중 발생한 사고에 대해 보험금을 지급하는데, '운행'이라 함은 사람 또는 화물의 운송 여부에 관계없이 자동차를 그 용법에 따라 사용하거나 관리하는 것을 말하고, '운전'은 도로교통법상의 도로에서 차마를 그 본래의 사용 방법에 따라 사용하는 것을 말한다.

또한 운전자 보험 약관에는 덤프트럭, 타이어식 기중기, 콘크리트믹서 트럭, 트럭적재식 콘크리트 펌프, 트럭 적재식 아스팔트 살포기, 타이어식 굴삭기 등 6종 건설 기계는 도로상에서 운행하던 도중이 아닌 작업 중 사고가 발생하면 보험금을 지급하지 않는 면책 조항을 두고 있다.

작업중 씨도 소유 덤프트럭을 적재물 하역 작업에 사용하다가 사고가 발생한 경우로, 법원에서는 건설 기계가 그 본래 용도인 작업 기능과는 달리 교통 기능만을 수행하고 있는 경우에는 일반 자동차와 동일하게 취급하지만 전적으로 작업 기능만을 수행하거나 혹은 작업 기능과 함께 교통 기능을 수행하더라도 그것이 작업 기능에 필수적으로 수반되거나 작업 기능의 보조 역할에 그치는 경우는 작업 기계로 보아야 한다고 판결(대법원 2009.8.20. 선고 2009다39585 판결)한 바 있다.

아파트 주차장에서 이삿짐을 나르던 중 적재함이 뒤집혀 사망한 사고도 '운전' 중 사고로 보지 않은 판례(대법원 2009.5.28. 선고 2009다9294 판결)도 있어 작업중 씨의 사고는 보상하지 않는 손해에 해당되는 것으로 판단하였다.

결국 보험회사는 청구한 보험금 지급을 거절하였고 작업중 씨는 다툴 수 없었다.

74
차량 파손과 감가상각

[사례] 적당한 씨(남, 40대)는 차량을 운행하던 중 충돌 사고로 차량이 파손되어 엔진 및 미션 등을 교환하는 등 약 1,000만 원 정도 수리비가 발생하였다. 보험회사는 엔진과 미션이 파손되어 교환하면 전액 보상은 안 되고 감가상각을 해야 한다며 약 120만 원 정도를 공제하겠다고 하여 분쟁이 발생하였다.

[결과] 자동차보험 대물 배상 약관에는 '보험금 지급 기준에 의해 산출한 금액' 또는 '법원의 확정판결에 의하여 피보험자가 배상하여야 할 금액'과 '비용'을 합한 액수에서 '공제액'을 공제한 후 보험금으로 지급하도록 규정하고 있다.

대물 배상에서 '공제액'이란 사고 차량을 고칠 때에 부득이 엔진, 미션 등 중요한 부분을 새 부분품으로 교환한 경우 "그 교환된 기존 부분품의 감가상각에 해당하는 금액"으로 규정하고 있다. 감가상각을 하는 이유는 고가의 부품 교환으로 차량의 가치가 증가된다고 보는 것이다. 통상 출고된 지 1년 이상 경과된 차량에 대해 감가상각을 하고 있다. 감가상각의 대상이 되는 주요 부품은 차종별로 상이한데 통상 차종별 중요 부품은 다음과 같다.

① 승용: 엔진, 미션, 바디(전체 교환), 운전대(cabin)

② 승합: 엔진, 미션, 바디(대형 버스는 2/3 이상 교환), 차축, 스티어링기어, 운전대(cabin), 타이어(손모도를 감안하여 적용)

③ 화물: 엔진, 미션, 바디, 차축, 스티어링기어, 적재함(탱크 및 콘크리트 믹서 드럼 포함) 등

상기 부품 외에도 손모도가 심하여 교환 후 차량 가액이 현저하게 증가된다고 판단된 부품은 감가율을 적용한다. 감가상각의 기준은 운행 거리가 아니라 차량의 출고일을 기준으로 적용하는데 차량 등록증상의 최초 등록일을 기준으로 한다. 따라서 이 사안의 경우 보험회사의 감가상각이 부당하다고 보기 어렵다.

무료 주차장에서의 사고

[사례] 알뜰한 씨(남, 30대)는 2011년 9월 ○○마트에서 장을 보려고 주차장에 차를 두고 갔다. 그런데 돌아와 보니 누군가 차량 앞범퍼를 파손한 사실을 알게 되어 주차 요원에게 사고 사실 통보 및 CCTV 확인을 요청하였다.

○○마트는 주차장법상 무료 주차장의 경우는 차량 사고에 대해 보상 책임이 발생하지 않으며, 알뜰한 씨가 주차한 곳은 CCTV 사각지대로 가해 차량도 식별할 수 없으므로 자차 보험으로 처리하라고 하여 분쟁이 발생하였다.

[결과] 주차장법은 주차장의 종류를 노상 주차장(국가나 지차제 운영), 노외 주차장(일반적인 주차장), 부설 주차장(대형 마트 등 건물에 부속된 주차장)으로 구분하고 있다. 이러한 주차장을 운영하는 주차장 관리자는 주차 도중 차량이 멸실 또는 훼손되거나 도난품이 발생한 경우에는 관리자가 주의 의무를 태만히 하지 않았음을 증명하지 못하는 한 책임을 지도록 명시하고 있다.

또한 판례는 주차장 관리자가 배상 책임을 지기 위해서는 주차장 이용객과 주차장 관리 업자 간에 주차 차량의 보관이나 이에 대한 감시 의무를 명시적으로 약정하거나 주차 요금, 차량의 주차 상황 및 점유 상태 등에 비추어 보관이나 감시 의무를 묵시적으로 인수했다고 볼 수 있을 정도의 경우에 한해 책임이 있는 것으로 보고 있다(대법원 1998.10.23. 선고 98다31479 판결).

국토해양부에서는 주차장법에 의한 배상 책임이 발생하는 주차장을 유료 주차장으로 한정하고 있으며, 법원에서도 "공중 접객업자가 이용객들의 차량 주차 시설을 설치하면서 차량 출입을 통제할 시설이나 인원을 따로 두지 않고 단순히 이용객의 편의를 위한 주차 장소로 제공한 것이라면 주차 차량의 관리 책임이 없는 것"으로 보고 있다(대법원 1998.12.8. 선고 98다37507 판결).

알뜰한 씨가 이용한 주차 시설은 이용객의 편의를 위해 개방하고 주차 요금을 징수하지 않은 시설로 주차 업자의 배상 책임이 발생하기는 어려운 것으로 판단되었다. 다만, 대형 마트가 구매 금액에 따라 무료로 이용하게 하는 경우라면 유료 주차 시설로 보아 배상 책임이 발생할 수 있다. 이러한 사실에 기인하여 결국 이 사안은 ○○마트가 알뜰한 씨의 차량 파손에 대해 보상하지 않는 것으로 종결되었다.

용어 해설

*계약 전 알릴 의무(고지 의무)

보험 계약자나 피보험자가 보험 계약과 관련한 직업, 건강 상태 등의 중요한 사실을 신의 성실에 입각하여 사실대로 알릴 의무. 이 의무를 위반하면 보험회사는 보험 계약을 일방적으로 해지 가능하다.

*계약 취소권

보험 계약 체결 시 ① 약관과 청약서 부본을 전달받지 못했거나 ② 약관의 중요한 내용을 설명받지 못한 때 ③ 청약서에 자필 서명(전자 서명 포함)을 하지 않은 때, 등 3가지 요건 중 한 가지라도 불충분 시에는 3개월 내 계약 취소가 가능하며, 보험회사는 납입한 보험료 외에 소정의 이자를 더하여 반환한다.

*계약 후 알릴 의무(통지 의무)

보험 계약 체결 후 보험 계약 체결 전과 달라진 직무 또는 직업, 오토바이 탑승 등 위험률이 변동된 사항에 대해 보험회사에 알려줘야 하는 의무. 손해보험사에서 시행 중이고, 생명보험은 주소 변경, 보험금 지급 사유만 통지 의무가 있다.

*교육보험

피보험자인 자녀의 교육 자금을 마련하기 위해 설계된 보험으로 피보험자의 생존을 전제로 보험금이 지급되는 생존 보험이다. 피보험자인 자녀가 생존할 경우 생존 학자금이 지급되며, 부모가 사망한 경우에는 유자녀 학자금이 지급된다.

*대물 배상(1,000만 원 의무 가입)

소유·사용·관리 중 타인의 자동차나 재물에 손해를 입혔을 경우 실제 손해를 보상하는 보험. 가입 한도가 있어 가입 한도를 넘어서는 손해는 자비 부담이다. 1,000만 원 의무 가입 후 2,000만 원 손해를 입히면 1,000만 원은 자비로 손해 배상한다.

*대인 배상I(의무 보험)

소유·사용·관리 중 타인을 죽게 하거나 다치게 하였을 경우 자동차 손해 배상 보장법 한도(사망 2,000만~1억 원, 후유 장애 최대 1억 원, 부상 2,000만 원) 내에서 보상한다.

*대인 배상II

소유·사용·관리 중 타인을 죽게 하거나 다치게 하였을 경우 보상하는 보험으로 보통 가입 금액을 '무한'으로 설정하면 '사망', '뺑소니 사고', '고의' 또는 '중과실 사고'를 제외한 사고는 공소권이 없어 형사적 처벌을 받지 않는다.

*무보험 자동차에 의한 상해

기명 피보험자 및 기명 피보험자의 부모, 배우자 및 배우자 부모, 자녀가 무보험 자동차(뺑소니) 사고로 죽거나 다친 경우 2억 원 한도 내에서 지급한다.

*방카슈랑스

보험 상품을 보험회사가 아닌 은행 등 금융 회사가 보험회사의 대리점(또는 중개사) 자격으로 판매하는 제도이나 은행은 보험 모집(보험 계약 가입) 등 상품을 판매만 할 뿐이다, 가입 이후 증권 송부나 보험금 지급 등은 가입한 상품의 보험회사에서 담당한다.

*법정 상속인

상속인이 지정되지 않았을 시 민법의 규정에 따라 상속을 받는 사람. 상속 1순위 배우자와 자녀, 2순위 배우자와 부모, 3순위 형제자매, 4순위 4촌 이내 방계 혈족. 상속 비율은 배우자 1.5, 그 외는 1이다.

*변액 연금 종신보험

연금 지급 개시 전까지 변액 종신보험 또는 변액유니버설 보험처럼 운영하고, 연금 지급 개시 이후에는 종신 연금을 지급하는 형태이다. 변액 연금은 최소한의 안전성을 보장하기 위해 최저 사망 보험금 보증과 최저 연금 적립금 보증이 있다.

*변액유니버설 보험

변액보험의 장점인 실적 배당과 유니버설 보험의 장점인 자유 입출금을 결합하여 만든 종합 금융형 보험. 유니버설로 해약 환급금의 범위 내에서 중도 인출이 가능하지만, 너무 많은 금액 인출 시 보험 사고가 발생하면 충분한 보상이 어렵다. 일정 기간 기본 보험료를 납입하면 기본 보험료 납입을 일시 중지할 수 있으나, 중지 시 위험 보험료 및 제반 수수료 등을 적립금에서 공제하고, 적립금 지속 감소 시 자동 계약 해지로 손실을 볼 수 있다.

*변액 종신보험

사망 보험금이 투자 실적에 따라 변동되며, 중도 해지 시 투자 실적에 따라 변동되며, 보증비용 추가 납부 시 최저 사망 보험금이 보증되지만 해약 환급금은 최저 보증 이율이 없다. 일정 회수 이내에서 펀드 변경이 가능하나 수수료가 부과된다.

*변액보험

변액보험은 고객이 납입한 보험료를 모아 펀드(기금)을 구성한 후 주식, 채권 등 유가 증권에 투자하여 발생한 이익을 배분하여 주는 실적 배당형 보험이다. 변액보험은 투자 실적에 따라 보험금과 해약 환급금이 변동되므로 투자 실적 악화 시 환급금이 원금보다 작을 수 있으며, 단기 투자성과 등에 현혹되지 않도록 주의가 필요하다. 변액보험은 납입한 보험료 전부가 펀드에 투자되지 않고, 위험 보험료(보험금 지급 재원)와 부가 보험료(사업비)를 제외한 금액만 투자되므로 금융 상품 펀드와 투자 금액이 다를 수 있다.

*보장 개시일

계약상 보험회사의 보험금 지급 의무가 시작되는 날. 별도 약정 없으면 제1회 보험료를 납입한 날의 오후 4시 시작한다.

*보장성 보험(위험〉저축)

보험의 주목적인 보험 사고 시 고액 보험금을 지급하거나 여러 가지 위험에 대해 보험금을 지급하는 보험이다. 보험 기간이 끝나면 주 보험료의 일부 또는 전액을 환급한다. 대표적인 보험으로는 질병 의료보험, 암보험 등이 있다.

*보험 가액

사고 발생 당시 보험 계약자가 입게 되는 손해액의 한도. 가치를 산정할 수 있는 재물 보험만 가능하고, 가치를 평가할 수 없는 사람을 대상으로 한 생명보험에는 보험 가액이 없다.

*보험 가입 금액

보험 사고 발생 시 보험회사가 지급하기로 약정한 금액. 계약 체결 시

정하여 보험 가입증서에 기재하는 금액

*보험 계약의 부활

보험료 납입 연체로 인해 보험 계약이 해지되었으나 해약 환급금을 받지 않은 경우, 계약자는 해지된 날로부터 2년 이내 보험회사의 절차에 따라 보험 계약을 부활(효력 회복)시킬 수 있다. 부활 시에 보험회사는 신규 계약처럼 보험 계약자 또는 피보험자의 건강 상태, 직업, 직종 등에 대해 심사를 하고 그 결과에 따라 승낙 여부를 결정한다. 합리적인 사유가 있다면 부활 청약을 거절하거나 또는 보장의 일부를 제한하여 부활시킬 수 있다.

*보험 계약자

보험 계약을 청약하고 보험료 납부 의무를 지는 사람

*보험 기간

보험 계약에 의해 보험 사고 발생 시 보험금 지급을 보장받는 기간

*보험 수익자

보험회사로부터 보험금을 받는 사람. 손해보험의 피보험자. 생명보험은 피보험자와 보험 수익자가 다를 수 있는데, 어린이 보험에서 피보험자는 자녀, 보험 수익자는 부모이다.

*보험 약관

사업자가 다수의 계약자와 대량으로 계약을 체결하기 위해 일정한 형식에 의해 미리 마련한 계약의 내용으로 보험 계약에 사용한다.

*보험 증권

보험 계약의 성립과 그 내용을 증명하기 위해 작성·교부되는 증서로 보험 사고의 종류, 보험 기간, 사고별 보험 가입 금액 등이 간략하게

기재되며, 최초 가입 시 발행되며, 분실 시 재발급이 가능하다.

*보험금(보장 금액)

보험 사고가 발생했을 때 보험 계약에 따라 보험회사에서 위험별로 실제 지급하는 금액

*보험료

보험에 가입한 사람이 보험회사에 납부하는 일정한 돈. 매월, 분기별, 연납, 일시납 등의 방법으로 보험료를 납부하며, 일정기간 보험료를 내지 않으면 보험 계약은 효력을 상실한다.

*보험료 납입 기간

보험료를 납입하는 기간으로, 보험 기간과 동일할 수도 있고, 다를 수도 있다. 납입 기간이 짧을수록 보험료가 비싸다.

*보험료 납입 의무

보험 계약자는 보험 계약 체결 시 약정한 방법과 액수의 보험료를 약정대로 보험료 수령권이 있는 자에게 납입해야 한다. 보험료 수령권은 보험 대리점 또는 보험회사를 말하며, 보험설계사는 제1회 보험료에 한해 보험료 수령권이 있다.

*보험자

보험회사. 보험 계약자로부터 보험료를 받아서 보험 사고 발생 시 보험금을 지급하는 주체

*보험자 대위

보험 사고 발생으로 보험금의 일부 또는 전부를 지급한 보험회사가 지급한 보험금의 한도 내에서 피보험자의 권리를 취득하는 것

*상품 설명서

상품 가입 시 알아두어야 할 주요 내용(주요 보장 내용, 조건 및 계약자의 주요 권리와 의무 등을 성술)을 요약하여 알기 쉽게 설명한 핵심 요약서

*생사 혼합 보험(양로 보험)

보험 기간 내 피보험자가 사망해도 보험금(사망 보험금)이 지급되고 보험 기간이 만료될 때까지 생존해 있어도 보험금(생존보험금)이 지급되는 보험이다. 사망 보험(정기 보험)의 보장 기능과 생존 보험의 저축 기능이 결합된 형태이다.

*연금보험

노후를 대비한 상품으로 소득의 일부분을 저축했다가 노후에 일정 주기(매년 등)에 일정액을 보험금으로 받는 보험이다. 은행 등 금융 기관의 연금 저축 상품과 비슷하지만 가장 큰 차이점은 연금 개시일 이전에는 보험으로서 보험 사고 시 보험금을 지급받을 수 있는 점이 가장 큰 차이점이다. 소득 공제 등 세제 혜택이 있는 연금 저축 보험, 개인 연금보험 등이 있고, 소득 공제 혜택 없이 10년 이상 유지하면 비과세 혜택이 있는 변액 연금보험(생명보험만 판매) 등이 있다.

*유니버설 보험

납입한 보험료를 비교적 자유롭게 중도 인출할 수 있고, 보험료의 추가 납입이 가능한 기능이 있는 보험이다.

*자기 신체 사고보험

소유 · 사용 · 관리 중 차주와 운전자 및 그 가족이 죽거나 다친 경우 약정한 보험금을 지급한다. 부상 및 후유 장애는 등급별 한도 금액 내에서 보상한다.

*자기 차량 손해

소유·사용·관리 중 피보험 자동차에 생긴 충돌, 접촉, 추락, 전복, 차량 침수, 화재, 폭발, 낙뢰, 풍력에 의해 차체에 생긴 손해, 전부 도난 사고 등을 보상한다.

*자동차 상해

소유·사용·관리 중 피보험 자동차의 사고로 인하여 상해를 입었을 경우 한도 금액 내에서 손해 보상하는 보험으로 자기 신체 사고와 다른 점은 등급별 금액 없이 한도 내에서 실제 손해를 보상하며, 치료비 외 위자료, 휴업 손해 등도 보상한다. 무보험차 상해와 다른 점은 무보험 차량에 의한 사고뿐만 아니라 다른 차량과의 사고에 대해서도 보상이 가능하고, 과실 비율에 의한 본인 부담금도 지급하는 특징이 있다는 점이다.

*저축성(적립형) 보험(위험 (저축)

위험 보장보다 보험료의 일부를 적금처럼 적립해서 보험 기간이 끝날 때 목돈을 마련하거나, 노후를 대비하기 위한 보험이다. 공시 이율과 변동 금리를 적용하기 때문에 저금리에는 큰 수익을 얻지 못한다. 대표적인 보험으로는 연금보험 등이 있다.

*정기 보험

일정 기간 동안 피보험자의 사망에 대한 위험을 보장하는 보험으로, 피보험자가 보험 기간 내 사망 시에만 보험금이 지급된다. 보험 기간은 10년, 20년 등 일정한 기간만을 설정하며, 보험 기간이 끝나면 보험 계약이 종료되며, 순수 보장형 또는 만기 환급금이 있는 만기 환급형이 있다. 기간을 정하지 않는 종신보험에 비해 보험료가 저렴하다.

*종신보험

기간을 정하지 않고 평생 동안 사망에 대해 보험금을 지급하는 보험. 계약이 유지되는 동안은 언제 사망하더라도 보험금을 지급한다. 종신보험은 보험료 납입 기간에 따라 보험료를 평생 납입하는 종신납 종신보험과 일정 기간만 보험료를 납입하는 정기납 종신보험이 있다.

*주 계약

가입 상품의 내용을 가장 잘 나타내는 계약. 특약과 상관없이 가입 가능한 계약. 암보험은 암 보장, 종신보험은 사망이 주 계약이다.

*주소 및 연락처 변경 통지 의무

보험 계약자는 주소 또는 연락처가 변경되었을 시 지체 없이 변경 내용을 보험회사에 알려야 한다. 그렇지 않을 시 계약자가 회사에 알린 최종의 주소 또는 연락처로 알린 사항은 일반적으로 계약자에게 도달한 것으로 간주되므로 잘못된 주소나 연락처를 그대로 둘 경우, 계약상 중요한 사실을 제때 전달받지 못하거나 보상받지 못할 수 있다.

*질문표

보험 계약 청약서상에서 보험회사가 보험 계약 체결과 관련해 중요한 사항으로 생각해서 보험 계약자나 피보험자에게 건강이나 직업 등에 관련하여 질의하는 서류 양식

*책임 준비금

장래의 보험금 지급을 위하여 계약자가 납입한 보험료 중 일정액을 보험회사가 적립해 둔 금액

*청약 철회권

보험 계약자는 청약한 날 또는 제1회 보험료를 납입한 날로부터 15일

이내 청약을 철회할 수 있다. 청약 철회 사유는 계약 취소권과 같이 특별한 사유를 요구하지 않으므로 청약 철회 기간 중 언제든지 철회할 수 있다. 청약 철회 방법은 청약서 부본의 청약 철회 신청서를 우편 발송하거나, 가까운 영업소 방문, 보험회사 홈페이지 공인 인증 등으로 철회. 구체적인 내용은 개별 청약서에 안내된 사항에 따르면 된다.

*청약서

보험에 가입하기 위해 보험 계약 체결에 대한 의사를 표시하는 서류 양식

*텔레마케팅(telemarketing, TM)

계약자와 판매자가 얼굴을 마주하고 계약을 체결하지 않고 전화와 같은 통신 수단을 통해 보험 상품을 판매하는 유형으로, 통화 내역은 모두 녹취되어 보험회사에 보관된다. 텔레마케터의 설명은 약관의 중요한 사항에 대한 설명이고, 텔레마케터가 질문하는 사항에 대한 보험 계약자의 대답은 계약 전 알릴 의무(고지 의무)를 대신할 수 있다.

*투자형 보험(위험〈저축)

적립형 보험은 목돈 마련, 노후 자금 등의 용도로 가입하는데, 이율이 낮으면 그 목적을 달성하기 어려워 이를 보완하기 위한 보험으로, 납입한 보험료 중 일부를 유가 증권 등에 투자하고 수익을 배분한다. 저금리 고주가 시대에 맞는 보험이나 주가 폭락 등 투자 수익이 낮을 경우 환급금이 원금에도 미치지 못할 수 있는 고수익 고위험 보험이다. 대표적으로 변액보험, 변액유니버설 보험 등이 있다.

*특약(특별 약관)

주 계약에 부가하여 보장을 추가하거나 보험 계약자 등의 편의를 도모하

기 위한 제도 등을 추가한 보험. 상품마다 상이할 수 있다.

*피보험 이익

보험 계약의 목적. 보험 사고로 인하여 입게 될 피보험자의 경제적 이익을 말한다. 손해보험에만 있으며, 피보험 이익은 경제적 이익, 적법한 이익, 확정가능한 이익이어야 한다.

*피보험자

생명보험: 보험 사고 발생의 대상이 되는 사람

손해보험: 보험 사고 발생 시 보험금 청구권을 가지는 사람

*해약 환급금

보험 계약의 효력 상실, 해약 및 해제 등의 사유로 계약자에게 환급되는 금액. 해약 환급금은 해약 시점 계약의 책임 준비금에서 미상각된 신계약비(모집인 제경비 등)를 공제하여 계산한다.

*CI(critical illness)보험

치명적 질병이 발병했을 때, 사망 보험금의 일부를 먼저 지급하여 치료비, 생활비, 간병비 등에 사용할 수 있도록 하고, 사망 시에는 잔여 보험금을 유족에게 지급하는 보험이다. 사망해야만 보험금이 나오는 종신보험과 다르게 뇌졸중이나 중대한 수술, 중대한 화상 등의 치명적인 질병에 걸렸을 때 약정 보험금의 50~80% 보험금을 받을 수 있다.